献给我们的孩子，霍登和弗莱彻

正是他们激发我们提出了每个科学家开始研究前都会问的问题：

这到底是怎么回事？！！

美国家庭都在用的一本育儿书

好父母必读的13堂科学课

Science of Parenthood

美式智慧幽默育儿

家长更轻松，孩子更聪明

[美] 诺林·德沃金·麦克丹尼尔　　[美] 杰西卡·泽格勒 / 著　　张希 / 译

WUHAN UNIVERSITY PRESS
武汉大学出版社

图书在版编目（ＣＩＰ）数据

好父母必读的 13 堂科学课 /（美）诺林·德沃金·麦克丹尼尔,（美）杰西卡·泽格勒
著; 张希译 . —武汉 : 武汉大学出版社, 2018.1（2022.3重印）
ISBN 978-7-307-19291-1

Ⅰ.好… Ⅱ.①诺… ②杰… ③张… Ⅲ.儿童教育－家庭教育 Ⅳ.G782

中国版本图书馆 CIP 数据核字 (2017) 第 103869 号

Science of Parenthood: Thoroughly Unscientific Explanations for Utterly Baffling Parenting Situations
Copyright©2015 by Norine Dworkin-McDaniel and Jessica Ziegler
All Rights Reserved.
Published by special arrangement with 2 Seas Literary Agency and co-agent CA-LINK International LLC.

责任编辑: 黄朝昉 张 岩　　　　责任校对: 王婷芳　　　　　　版式设计: 赵敏彤

出版发行: **武汉大学出版社** (43007　　武昌　　珞珈山)
　　　　　(电子邮件: cbs22@whu.edu.cn　　　　　　　　　网址: www.wdp.com.cn)
印刷: 北京一鑫印务有限责任公司
开本: 889 × 1194 1/24　　　　　　印张: 10　　　　　　　　字数: 180 千字
版次: 2018 年 1 月第 1 版　　　　2022年 3 月第 2 次印刷
ISBN 978-7-307-19291-1　　　　　定价: 48.00 元

父母和科学家的相似之处

父母和科学家都会将不同基因混合在一起，并且所得结果都是不确定的。

父母和科学家的周围都有很多自大狂。

对父母而言，总有那么一件新玩具是必须买的。对科学家而言，总有那么一件新装置是必须购置的。

不管是父母还是科学家，大多数情况下，很多事情的结果总是偏离预先的假设。

身为父母，你会像科学家一样，总是发现自己的花费大大超出预算，陷入经济困境。

身为父母，你会像科学家一样，总是发现自己不断与同行产生激烈竞争。而这些同行十分乐意指出你的错误，并且炫耀他们自己做得多么好。

身为父母，你会像科学家一样，不得不向人们解释自己所做的事，即使那些人完全搞不懂你在说些什么。

就像科学家一样，身为父母者也许会有成功的欣喜，但随之而来的往往是更多的挫折，最终发现还有更多的不解之谜。

就像科学家一样，身为父母，你最好的成就往往是在你年老时才得到人们的认可，甚至是在你离开人世之后。

为什么我们要看这本书

你很聪明，甚至可以说是学识渊博。或许，你知道酿造红酒的西拉葡萄和小西拉葡萄之间的微妙区别，你知道为什么级配曲线是最棒的，你可能还知道选举团是做什么的（开个玩笑，没有人搞得懂选举团到底是个什么组织）。

但如果你正在读这本书，你可能会发现，自己的知识完全不足以回答生活中一些简单的问题：我的孩子到底在干嘛？怎样才能让他立刻、马上停下来？

欢迎来到疯狂父母俱乐部。

请进，请坐。

你得在这里待上十八至三十五年呢，所以，你最好先给自己找个舒服的位子坐下吧。

有人提出疑问，"我们为什么存在？"这些人被称为哲学家。

有人提出疑问，"宇宙中存在着什么？"这些人被称为科学家。

还有人提出疑问，"为什么他们看都不看我精心烹饪的饭菜，却要吃自己的鼻涕呢？"这些人被称为父母。

我们发现，身为父母，我们和科学家非常类似。当然了，我们的车库里没有大型强子对撞机那样的高端设备，食品间里也没有超铀元素钚-238。但我们就像曾经站在科学前沿的伽利略、牛顿、爱因斯坦、霍金、斯特斯和约翰逊他们一样，要解决 Y 的问题，或者更确切地说，是要解决 Why（为什么）的问题。

为什么其他孩子都长得很快，而坎蒂·兰德却长得这么慢？
为什么总是在只有自己一个人收拾屋子的时候，孩子就吐得满地都是？
为什么花生酱果冻三明治不能切成长方形？
为什么当你叫孩子们收拾玩具的时候，他们完全听不见，却可以听到五千米以外的冰淇淋车的音乐声？

还有，有没有人能够告诉我，为什么孩子们都爱看的动画片《小卡由》中要让一个整天牢骚不断的熊孩子当主角呢？

我们像科学家一样，寻找着这些问题的答案。通过深入研究生物、化学、物理、数学等这类核心学科，我们发现了这些问题的答案。就像科学领域的众多前辈一样，我们问了一个简单的"为什么"，最终却发现了一些非常有趣的理论。这些理论很好地解释了为什么孩子和父母会做出那些令人费解的，惹怒对方的行为。（当然，这其中可能不包括你，我们指的是其他父母们。）

我们会让历史来评价我们的理论是否正确。同时，我们会守在电话机旁，等着诺贝尔奖委员会来邀请我们。

目 录

"我们的每一个行为，都会引发相应的后果。"

——詹姆斯·洛夫洛克　环境学家

疯狂的育儿生物课

生 物 课

生物（Biology）这个词来自于希腊语 bios 和 logos，它是一门研究生命的学问。生物学研究的对象既有美丽的、奇妙的，也有野蛮残酷的，并且往往后者居多。对于新手父母们，或者是又增加了一个新生儿的父母而言，他们的生存状态就退化到了原始时期。这些父母就像詹姆斯·邦德手中的招牌鸡尾酒那样，被摇得头晕目眩，昏头转向。（如果你喜欢这个比喻，就去调一杯鸡尾酒放在手边。你会需要它的，不是一两次，而是经常。）

毫无疑问，你一定会注意到怀孕初期时身体的变化。你不得不放弃那些会让你恶心、呕吐的食物。接着，你的身体开始发胖，胖得连你自己都快认不出来。（也许胸部变大一点正合你意，但脚也变大就不是你希望见到的了。）然后，就像多米诺骨牌一样，你会逐步丧失优雅的气质、个人隐私，甚至连梳妆打扮也要放弃。

在你完全不知情的情况下，你跟一个喜怒无常的小暴君签下了契约。这个小暴君会一直把你逼到崩溃的边缘。

这就是初为父母的生活，也是生命的开始。

你是否应该再生一个孩子

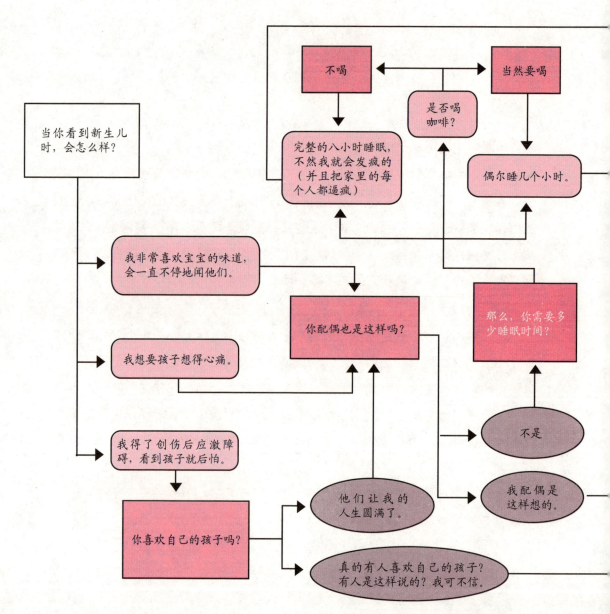

你现在感觉自己有多累?

超级累

我很好,一点也不累。

你这段时间在开什么车?

我们建议,你还是养一只训练有素的小狗吧。

你是否可能已经怀孕了?

双门小型车

生吧,说不定这次你会生个三胞胎!

小型客车,三排座,座椅上还带有 DVD 播放器。

天哪,真希望不是这样!

哈哈,真没想到,好棒!

千万别生!并且建议你们马上安排输精管结扎手术!

孩子出生后的注意事项

请打起十二分精神注意，以下这些是你的产科医生忘记告诉你的（别说我们没有提醒你哦！）。

经过谨慎的选择，我们列出了如下几条注意事项，这些是你在生孩子前阅读那些育儿指南时可能会忽视的。跟孩子出生后你会遭遇的这些情况比起来，产道侧切的疼痛真的算不了什么。

孩子出生后，父母会出现情绪紊乱

新手爸爸和新手妈妈终于要带着亲爱的宝贝回家了。他们向婴儿房的护士们挥手说再见，穿过医院的自动感应玻璃门，来到停车场。当他们把新生的宝贝放进汽车上的婴儿座椅时，心中会不由得产生一种焦虑。他们会不停地质疑，"他们怎么会就这样让我们把孩子带回家？我们甚至都不知道该拿他怎么办。"激动一点的人想到这里还会用头去撞车窗呢。

妈妈失眠综合征

也意味着你在今后的日子里，都得在睡觉的时候竖起一只耳朵，留心听孩子的哭闹、咳嗽。即使许多年后，他们长大一点了，你还得留意听是否有卧室窗户在咯吱响，因为或许你的孩子正在让他的朋友从窗户翻进来。

睡眠被剥夺的情况从你把孩子从医院接回家就开始了（或者从你的安眠药效力减退之后就开始了）。这种情况会一直持续到你的孩子能够自己买房的年龄。十个当妈的就有十个是这种情况，没有一个例外。爸爸们好像不会受到影响。男性体内的 Y 染色体帮助他们避免了孩子出生后半夜无法入睡的情况。

装扮宝宝综合征

每个妈妈在宝宝出生后，都会忍不住想打扮他。每天，宝宝的衣服要跟他的发带相互搭配，还有鞋子、泳衣、婴儿车中的毯子，甚至连婴儿车都要和宝宝的衣服相互搭配。这种对宝宝衣服搭配的过度狂热是当今社会怪相的一种。该症状会在浏览过网上的"时尚潮宝贝"图片之后加剧。装扮宝宝综合征的潜伏期通常有几周甚至几个月。一旦你发现自己不能给宝宝随便穿件衣服就出门，就说明你已具有该症状。

亲子分离焦虑

新生儿的父母往往会在不知情的情况下出现分离焦虑。他们本以为自己早就可以把孩子放到一边，痛痛快快地过一过二人世界。但实际上并不能真正做到这一点。他们中的一方（往往是妈妈），会每隔十分钟就溜到洗手间悄悄地观察照顾孩子的人有没有尽职尽责（这往往让其他人以为她是不是患了尿频之类的病）。有些极端的情况下，患有亲子分离焦虑的父母会抱起任何一个像宝宝的物品——一袋面粉，揉成一团的外套，沙发靠垫——假装在哄宝宝睡觉。

感官失灵综合征

也可以简称为 S.O.S.。这种情况的出现似乎是为了与怀孕期间的感官的高度敏感达到平衡，结果发展过度了，造成了感官失灵。S.O.S. 往往会和妈妈失眠综合征同时出现，并且在宝宝六至八个月大的时候达到高峰。到那个时候，妈妈们就像僵尸一样来回游荡，除了宝宝饿了要喂食或者宝宝不舒服想要换尿布以外，任何其他事物妈妈们都感觉不到。咳嗽几天不好，或者头发上沾了宝宝的呕吐物几天都没洗，是很常见的情况。

神经性嗅觉上瘾征

这种症状还有另一个较为普通的名字，叫作"宝宝气味上瘾征"。父母们会不由自主地想闻宝宝身上的气味。宝宝身上的香味非常吸引人，父母们会因此而放弃其他一切活动。有人会一坐几个小时不动，专心地闻刚洗完澡的宝宝身上的香味。他们的 Netflix 也不看了，Facebook 也不上了。

习得性注意力障碍

这种病的最大特征就是，患者会不耐烦地说："我们刚刚讲到哪儿了？"习得性注意力障碍是一种逐渐丧失集中思考问题能力的病症。一旦孩子学会跑，父母就会患有这种病症。他们大脑的全部功能都用来关注孩子的一举一动，"听别人说话"这种无关紧要的功能则被暂停了。他们的所有能量都被储存着，用来追逐那些正在翻花园围墙或者打算舔电源插头的小家伙们。幸运的是，这种病症只会持续到孩子上中学。到了那个时候，孩子们已经完全不理会父母了。

孕期食欲时间轴

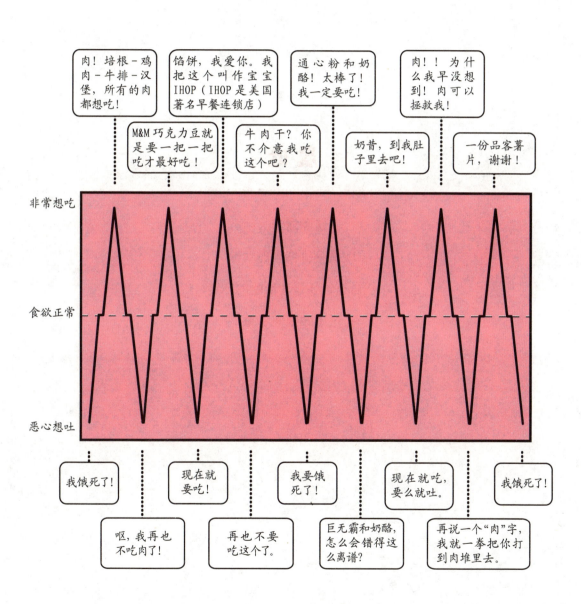

晨 吐

这种痛苦，

就是一位怀孕的女士

把自己曾经最喜欢吃的东西

拉进了致呕黑名单。

永远。

集体孕期无意识

....

一种

类似心理学家荣格所描述的

群体性精神状态，

即全世界的每一个孕妇

都想让她那独一无二的宝宝的名字

成为当年最流行的名字。

杰登

女性手提包内容大揭秘

在人类进化的进程中，女性主要负责采集食物，因此"采集"或者"收集"已经成了她们的本能。女性随身携带的手提包中所收集的物品，足以帮助她们应对任何突发状况。虽然这些手提包都十分沉重，但它却可以帮助主人在各种情况下都应对自如。

- 一场突如其来的暴雨。她们包里有伞。

- 手被纸片划伤。她们包里有消炎软膏和创可贴。

- 看电影时，室温过低。她们早就在包里放了外套。你想要吗？

- 血糖下降。她们包里的零食储备足以媲美大多数酒店吧台提供的零食。

- 午休时间需要锻炼。她们包里带了运动服、运动鞋还有洗浴用品。她们可以在一个小时内去健身，洗澡，然后回到办公桌前。

- 临时的晚宴邀请。她们包里随时带着一双高跟鞋和一条珍珠项链，就是为了应对这种临时邀请。

以上仅仅是我们举出的一小部分例子。鉴于女性的这种行为，科学家认为她们也许跟蜗牛、寄居蟹、乌龟等随身携带居所的动物有亲缘关系。这个理论可以解释为什么去医院待产的准妈妈们随身携带的东西比去南极洲麦克默多科考站的科学家所携带的东西少不了多少。

我们来看看准妈妈们的包里都带了些什么，以及真正派上用场的又有哪些。

购买的物品

- 毛绒短袜、真丝裙、舒适的薄毯（室温过低时用于保暖）
- 便携式迷你电扇（室温过高时用于降温）
- 自备的枕头
- 有品位的装饰灯（你说医院里有荧光灯？那个也叫灯，别逗了！）
- 带有宠物照片的相框，几盆非洲紫罗兰（真是太有家的感觉了）
- 扑克牌
- 最新一期的《人物》《美国周刊》《敏锐》《明星》和《OK》
- 后背按摩器、精油和芳香理疗蜡烛
- 下载了热门电影和榜单歌曲的 iPad

  （"Ride of the Valkyries" 和 "Born to Run" 这两首歌正等着打榜呢）
- iPad 外接话筒
- 围产计划材料装订带
- 吹风机、卷发器 / 直发器
- 洗发水、护发素、沐浴露
- 化妆品

（这些是为了生完孩子发朋友圈时，看起来更精神更漂亮）
- 出院时穿的紧身牛仔裤
- 宝宝出院时穿的各种衣物
- 婴儿纸尿裤
- 婴儿图书（从出生开始就得努力呀！）
- 食物能量棒、棒棒糖
- 瓶装水

真正使用的物品

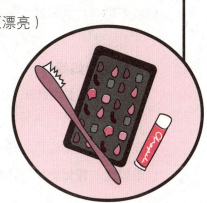

妈 妈 分 类 体 系

　　将物品分类是人类的天性，没有人能够克制自己不去分类。将事物分类是我们认识世界的方式，尤其是对于集邮爱好者而言（说真的，现如今的信息时代，只有上了年纪的老太太才会寄信，集邮这种爱好是怎么维持下来的）。你知道还有谁比集邮爱好者更喜欢分类吗？生物学家！最近，生物学家们注意到了智人种下属的一个长期被忽视的亚种：Mater Matris Americanus，用通俗的语言解释就是，美国式妈妈。

　　起先，生物学家们以为美国式妈妈是唯一的一个亚种。但后来他们又发现了工薪妈妈，然后是足球妈妈，还有虎妈。研究得越深入，生物学家们所发现的亚种就越多。他们意识到，还有很多亚种没有收录。虽然生物学家们还没有解决亚种总数的问题，不过以下的四个主要亚种是被普遍认可的：

督促型妈妈

（拉丁名称 Mater Matris Americanus Helicopteris）

　　这种类型的妈妈对子女们采取的是铁腕政策，并且她们在孩子面前总是精力充沛。督促型妈妈总是参与到子女生活中的方方面面，甚至直到他们成年后也是如此。督促型妈妈还可以细分为以下几类：

虎妈：

　　主要栖息地在中国的极端严格的物种，其中最为著名的就是蔡女士（译者注：即美籍华人 Amy Chua，以对子女要求严格著称）。她是典型的督促型父母，她对子女的掌控比美国本土的督促型父母要严格得多，并且要求和标准更高。随着中国虎妈的大批迁入，是她们将美国本土的督促型父母排挤出局，还是两者杂交产生出更厉害的超级物种？研究者们正拭目以待。

后勤妈妈：

　　该物种的特点是经常性迁徙，足球妈妈就是其中的一员。她们开着厢式旅行车，出没于各种比赛场地和室内场馆。她们的主要活动就是负责给孩子们递零食、饮料，还有备用的服装。

造星妈妈：

　　在纽约和加州，该物种又被称为吉卜赛玫瑰妈妈。她们经常出没于各种剧院、巡回演出、舞蹈排练室、真人秀节目现场等场所。她们最常说的一句话就是，"我的孩子一定会成为大明星！"

完美型妈妈

　　（拉丁名称 Mater Matris Americanus Perfectus）

　　完美型妈妈——该物种在西南部被称为包揽型妈妈，在西北部被称为次包揽型妈妈。她们的大部分特点跟督促型妈妈类似。完美型妈妈和督促型妈妈的主要区别在于其活动时间：督促型妈妈主要在白天活动，而完美型妈妈则习惯于夜间活动。为了达到最好的效果，她们常常在 Pinterest 网站上搜索图片直至深夜。完美型妈妈有明显的强迫性倾向，甚至会发出凄厉的哀鸣。压力过大的时候，人们会听到她尖叫的声音，"既然要做一件事，那就得把这件事做得尽善尽美，不管要花多大代价！"

转包型妈妈

（拉丁名称 Mater Matris Americanus Absentia）

转包型妈妈（有时也被称为上班族妈妈）是美国式妈妈几大亚种中的劳动模范。她们需要花费很长的时间处理工作中各项繁琐的任务，没有时间陪家人。到了繁殖期，转包型妈妈主要负责怀孕和生产。孩子生下来以后，她就会直接将其交给家庭中的长辈——爷爷、外公、姥爷、爹爹、奶奶、外婆、姥姥等（不同地区叫法不一样）。或者，她会把孩子送到日托所。那里有很多新手妈妈。

万事通型妈妈

（拉丁名称 Mater Matris Americanus Omniscience）

该物种的名称来自于其对于信息的大量获取。每天，她都会通过网络新闻

消化三倍于其体重的信息，并且记住她阅读过的每一条事实。因此，她看起来的确像是"万事通"。然而，尽管万事通型妈妈的知识量非常丰富，但她们常常被其他妈妈认为是有害的，因为她们经常发表这样的言论，"我是不会让我的孩子做、吃、玩、骑、看……的。"

食品专家型妈妈也属于这一类，她们更喜欢批评那些没有亲自将燕麦磨成面粉、亲自从奶牛身上挤出牛奶，以及那些不愿意争论转基因食品以及欧洲食品安全标准的父母。

逆增长规律

起初，

准妈妈会对顺产十分期待，

并抱有十足的勇气和信心。

但真正开始生孩子的时候，

随着产程的增长，

准妈妈的勇气和信心就会越来越小。

父母进化论：

不适应，就灭亡！

提出"变化总是好的"这句话的人，一定没有每两个小时醒一次给新出生的宝宝喂奶，或者为了安抚大哭的宝宝在客厅里转上二十几英里，或者一连十天没有洗澡，因为她每天都太累了，甚至根本没有注意到。

正是这样。宝宝出生后，生活的变化糟透了，简直比宇宙黑洞还要糟。一旦你把这个小家伙带回家，你生活中一切平凡而美好的事物，例如睡眠、食物、性爱、热水澡，甚至连正常的听觉，似乎都成了奢侈的享受。这一切都会发生在你的身上，毫无疑问。

即使生活变得这么糟糕，你也别抱怨，忍一忍吧。再过一段时间，你就可以一次睡两个小时以上了。你还可以抽空去冲个澡，换身衣服。你还可以再次享受性爱。但是，就在你认为一切都开始走上正轨的时候，你的宝宝又得开始让人头疼的大小便训练了。或者，当你们到达迪士尼乐园，准备好好玩上一周的时候，你的宝宝毫无来由地害怕米老鼠。这时，你的生活就会再次回到黑暗之中。

变化：变化只是新的问题替换旧的问题。但愿衣服上被呕吐物沾染的污渍能够发生变化，自动消失。

罗夏墨迹测试
家庭版

．．．．．．．．．．．．．．．．．．．．．．．．．．．．．．．．．．．．．．

通过使用沾有呕吐物污渍的衣物

来测评一个睡眠被剥夺的妈妈的心理状态。

你今天会洗澡吗？

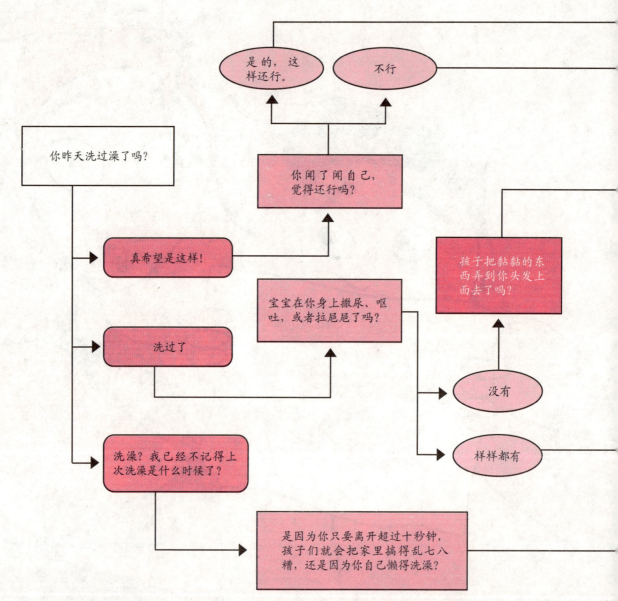

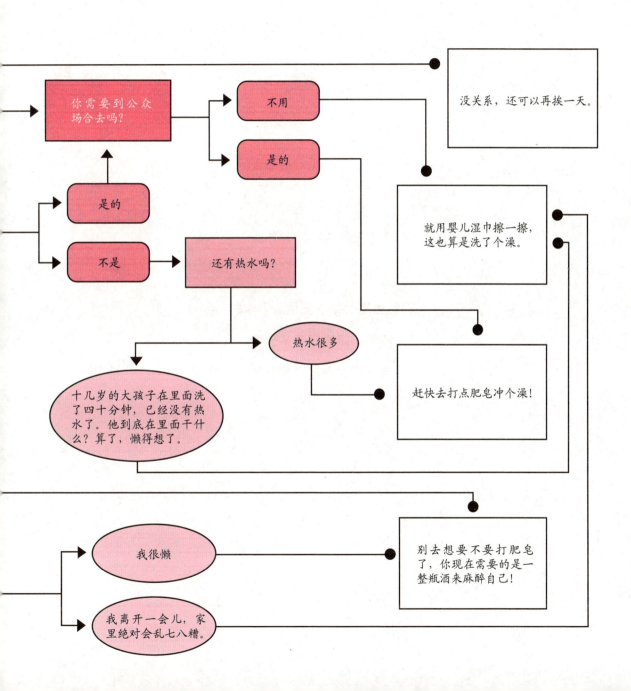

你需要到公众场合去吗？

不用

是的

没关系，还可以再挨一天。

是的

不是

还有热水吗？

就用婴儿湿巾擦一擦，这也算是洗了个澡。

热水很多

十几岁的大孩子在里面洗了四十分钟，已经没有热水了。他到底在里面干什么？算了，懒得想了。

赶快去打点肥皂冲个澡！

我很懒

我离开一会儿，家里绝对会乱七八糟。

别去想要不要打肥皂了，你现在需要的是一整瓶酒来麻醉自己！

稳定状态

....

精疲力竭的新手父母最渴求的：

不管妈妈去察看多少次，

宝宝都会一觉睡到天亮。

自然选择矩阵

任何情况下，孩子们都会选择能够满足他们"需求"的家长或者监护人。

奶奶或外婆

真正的超
级礼物

不需要回报
的额外金钱

烘焙饼干

手工制作

仿真模型

妈妈不准
的时候

计划外的
网上购物

咪咪

"找到"了钱

拥抱

爸爸

妈妈

薯片！糖！甜甜圈！
冰激凌！汽水！

呕吐时需要拥抱

做噩梦以及
害怕怪兽

连续7小时打
电子游戏

第一杯啤酒

限制级电影

危险的烟花

刺青和舌环

第一支烟

爸爸不准
的时候

第一次脱白

某个朋友的爸爸，他总是任由孩子们想干什么，就干什么。

远古性学研究：女性性动机进化史

　　女性性动机的复杂性及其特点一直让科学家感到十分神秘（别跟我说，她们只是像河狸一样勤劳）。当第一个智人想要做点什么的时候，他的伴侣建议，为什么不将大拇指与其他手指合握呢？最近，一些研究者终于找出了现代女性适应不断改变的环境时所表现出的五个重要时期。

A. 成为妈妈之前

　　这一时期一般始于第三次约会，止于计划生孩子之前。这一时期（又称"蜜月期"）的特征是，不时会出现"天啦，我现在就想要你！"的冲动，并且对《爱经》《魔力麦克》以及各种性爱小说非常感兴趣。

　　道具：按摩油，以及带有醒目的"VS"标志的特殊衣物（译者注：VS是美国著名内衣品牌）。

B. 计划成为妈妈

　　这一时期往往从同居或者结婚开始。在这一时期，我们会发现冲动性的性行为会减少，而计划性的性行为会增多。这一时期的性爱成为了一项计划周密、追求结果的行为。同时，女性开始这一行为的语言也发生了巨大的改变，从上一时期的"太棒了，我们开始吧"变成"我现在正在排卵！赶快，趁现在做！快！快！快！"

道具：排卵监测工具，每三十天就会显示"今天晚上"的个人电子日历。

C. 排斥性行为的妈妈

孩子出生后会形成几个不同时期，这是其中的第一个时期（又称"冰川时期"）。这一时期的特点是，新手妈妈会排斥所有的性爱行为，直到她非常确定绝对不会疼。男性过早提议重新开始性爱行为是很冒险的。他们的邀请"来吧，宝贝儿，我都几百年没跟你亲热了！"往往会遭到新手妈妈的拒绝。通常她们会说，"别跟我开玩笑了！！！"，并且建议他们"带着那玩意儿滚蛋"。研究者们对于冰川时期的持续时间产生了分歧，有人认为这一时期仅仅持续几个月，而另外一些人却认为会一直持续到孩子上大学。有趣的是，在父亲自愿承担一半或半数以上育儿任务的地区，新手妈妈对性爱行为的排斥会缓解得更快。

道具：额外的润滑剂，情色网站。

D. 精疲力竭的妈妈

孩子出生后的第二个时期，也是中间期。这一时期的妈妈会隐约想起她自己是喜欢性爱的，只是她太累了，没有精力支撑完整个过程。目前唯一让她兴奋的是八到十个小时持续的、无人打扰的睡眠。

道具：耳塞，睡眠眼罩。

E. 数字时代重新接受性爱的妈妈

数字录像机的出现和 Netflix 的发明对妈妈的性动力起到了至关重要的作用，因为孩子终于可以自己看卡通片了。新手妈妈突然发现自己有了整整二十四分钟可以休息，没有孩子在身上爬来爬去，也没有孩子在跟前大哭大闹。有些研究者认为，这一时期是孩子的弟弟妹妹们的形成期。

道具：电视或者平板电脑，订阅的视频，卧室门锁。

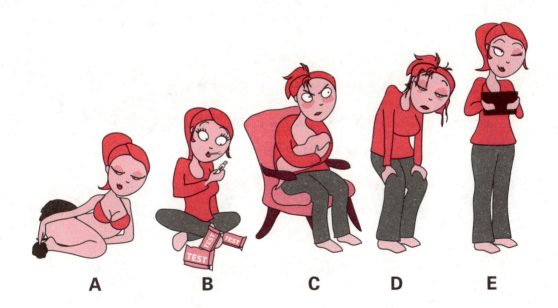

马赫的
约会之夜原则

....

孩子会对新手妈妈产生巨大的万有引力。

尽管看护孩子的人发了无数条短信告诉妈妈，

孩子玩得好好的，没有任何问题，

但她还是必须得尽快赶回家亲眼看看才放心。

现代父母的食物变迁史

北美父母是杂食性动物，他们摄取许多不同种类的食物来保证身体得到足够的营养。历史上，在北美父母的大学时代，他们曾主要以比萨、嘎吱船长麦片，以及牛肉干为主食。当他们进入到丁克（ Double Income - No Kids ）时期后，他们的饮食变得更健康，并且营养均衡。

然而在孩子出生以后，父母们的生活会发生极大的改变。这一时期，他们非常难以获取食物。当然，他们最初的目的是想保持饮食的营养均衡。但当他们把孩子从学校接回来，然后送他们去补习班、篮球队、体操馆、童子军营、钢琴课的时候，会发现自己根本连吃东西的时间都没有。于是营养计划泡汤了，他们只能以最快的速度填饱自己。

第一阶段
用本地出产的肉制品、精选全麦谷物和农场直供的有机作物精心烹饪的健康美食。

第二阶段
肚子里有宝宝后，食物变为有机烤鸡，以及从有机商品超市精心挑选的蔬菜。

第三阶段
从日托班接孩子回家的路上，在波士顿市场（译者注：美国著名快餐连锁店）顺带的鸡肉饭。

第四阶段

把孩子送去参加联赛后，结果发现还要进行加时赛，于是不得不在肯德基的汽车餐厅匆忙吞掉一份快餐。

第五阶段

因为某人直到晚上 7 点才想起订餐，结果只能等到孩子们睡着一个小时之后，狼吞虎咽一份比萨。

第六阶段

边检查孩子的家庭作业，边给他们准备第二天的午餐，同时简单地吃一些厨房水槽上放冷了的燕麦粥。

第七阶段

孩子盘子里吃剩的巨无霸汉堡和芝士。

第八阶段

边开车边从杯架里掏几个 M&M's 巧克力豆吃，因为要节省时间，尽早从办公室赶到孩子们的课后补习班去接他们。每晚一分钟就是一美元。

第九阶段

只能吃孩子背包里好几天前散落的薯片、芝士条、葡萄干，因为你从早晨 7 点就开始奔波在接送孩子的路上，根本没有时间进餐。

穷举法

························

即使你的孩子学会了走路，

但他还是会继续到处爬来爬去，

直到把你折腾得筋疲力尽。

有毒的排泄物

早期的育儿专家喜欢说，"每个孩子都是不同的""一个孩子身上出现的情况不一定会在另一个孩子身上出现"。

对这些观点，我们坚决反对。我们的研究证明，身为父母会发生些什么是很难预料的，但孩子身上会发生什么，至少有三件事是确定无疑的，尤其是当你的孩子在一群孩子当中的时候：

- 呕吐的孩子会用呕吐物缠着你，尤其是你急着要去上班的时候。
- 只要孩子拖着长长的绿鼻涕，他一定会想方设法把鼻涕抹到你的衬衫上。
- 只要是纸尿裤用完了，孩子就会拉肚子把裤子搞脏。

或许你会侥幸地想，自己的孩子会不会是个例外。但我很遗憾地告诉你，我们的研究是毋庸置疑的，没有一个孩子例外，只可能更糟。我们的研究结果表明，孩子们都热衷于把家里搞得乱七八糟。他们的小手脏兮兮的，心肠却很好，什么好玩的都要一起分享。你正在亚马逊购物网站上买最高级别的生物危害防护服（用于清除孩子们制造的垃圾）时，他们却在地毯上把大便当弹珠滚来滚去。这时你只得祈祷，不要像上次那样在墙上涂抹大便……噢，天啦，已经晚了！

反证法

你孩子的小伙伴居然在你家随地大小便，

虽然他妈妈之前当着你的面说，

她的孩子早就会自己上厕所了。

你的孩子什么时候会吐？

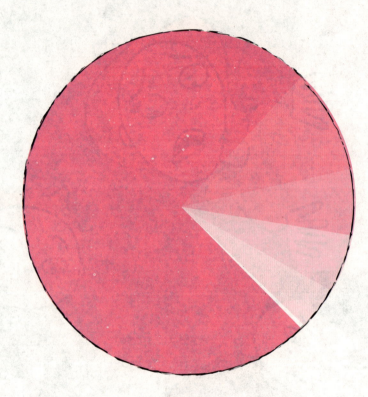

- 只有你一个人清理呕吐物的时候
- 五小时飞行旅程中的前三十分钟
- 你送孩子到学校，离开一个小时之后
- 把孩子放进刚刚整理好的车里之后
- 在一场高规格的婚礼中，坐在你腿上的时候
- 在厕所里做好准备的时候

儿科病实用指南

孩子们的小嘴巴总喜欢到处啃，从国际机场里肯德基快餐店的楼梯栏杆，到儿科诊室里手口足病患儿玩过的玩具，他们统统都不放过。孩子是最优良的细菌培养皿，他们会不断收集周围最脏的病菌，并且保证传染到每一个人的身上。一旦孩子病倒了，你就得待在家里陪他们。你知道什么比这个更"好玩"吗？那就是你和孩子都病倒了。当然，最"好玩"的就是孩子吃了必多芬（退烧药），兴奋得蹦蹦跳跳停不下来。这个时候，你真恨不得赶快病死算了。

一般而言，五岁以下的孩子每年会感冒九到十二次。这就意味着在上小学之前，你孩子的鼻子下会经常拖着黄色或者绿色的黏液。但除了常规的咳嗽、风寒、流感之外，你还得防备这个随时准备着扑向各种病毒的小家伙感染上其他高风险的传染病。

车内瞌睡征

只要孩子一上车，他们就会进入嗜睡期。有人认为，汽车安全座椅锁扣的"咔嗒"声和汽车引擎发动的声音同时对孩子产生了催眠的作用。即使是精力最旺盛的孩子也会迅速睡着。但只要你试图把他从车子里面抱出来，他就会像注射了兴奋剂一样跳起来，然后一直活蹦乱跳地玩到半夜。

食欲失调征

一种难以根治的胃病。具体症状为拒绝食用曾经吃过无数次的食物，即使它仍然是用同样的材料，同样的方法烹饪的。其他表现为以下语言及行为，包括"我现在非常讨厌这个"，以及"这个实在是太难吃了！"也许你多说两次"不吃就饿着"可以治好孩子的这种病症，但我不敢保证百分之百有效。

不宜上学征

该病症常见于小学到高中的孩子，具体表现为以下几种形式：头疼、头晕、恶心、非常低的低烧、极轻微的胃疼、周身不适。这种病症发作的时间，往往在孩子醒来发现今天要上学的时候。《翘课天才》播出的时候，这种病症会更具传染性。父母们也会感染上类似的病症，尤其是八零后父母。

整洁度视力障碍

一旦听到"收拾你的房间"和"把你的玩具收好"就会出现的暂时视力障碍。其症状为，嘴里大喊"收拾好了"，但实际上房间里乱得像台风刮过一样。这种景象会一直持续到孩子上大学，或者房间被改造成工作室。

相关病症有：妈妈指令视力障碍。每当妈妈叫一个孩子"把电视（游戏）停下"，然后去另一个房间拿件东西给她，这个孩子就会出现视力盲点。具体表现为不停重复"我找不到""我没看见""不在那儿"。

创可贴式外伤

一旦出现这种外伤，孩子身上会贴满创可贴，看起来就像刚刚从角斗场出来。实际上这些表皮的外伤是非常轻微的，不会有什么严重影响。产生这些外伤的原因通常是，家里又买了一盒新的草莓图案或者海绵宝宝图案的创可贴。通常情况下，孩子们五六岁的时候就不再喜欢简单地贴创可贴了。到了青春期，他们的背上、脖子上、胳膊上和腿上就会出现大量的类似汉字一样的文身。

躲猫猫式发烧

三岁及以下的孩子可能会因其他疾病引起高烧。这种高烧往往会在半夜发作，并且会导致家长出现严重的心律不齐。家长认为能够救孩子的唯一办法就是赶紧把他送到医院的急救室，就是那种救助枪伤和重度感染患者的急救室。这种发烧之所以被称为"躲猫猫式"发烧，是因为它喜欢跟医生玩躲猫猫。一旦家长给儿科诊室打电话要求提供医生的私人联系方式，发烧的情况就会趋于好转。家长越是大惊小怪，闹出的动静越大，第二天早晨医生来上门诊治的时候，孩子的体温就会越低。

选择性听力障碍

该病症是一种渐进式发展的听力障碍，一般从小学早期开始。患有这种病症的孩子会丧失听见父母说话的能力。一般情况下，这种听力障碍只针对父母，但病情严重的患者则会连老师的话也听不到。加大说话音量和重复说话内容，

在一定程度上能够缓解该症状。有
些情况下，电器发出的声音会使患
者的听力障碍突然恢复。

游戏狂躁征

　　游戏失利导致的严重心理失调。
该症状的表现为尖叫、跺脚、乱扔游
戏器材。如果患者得知"可以让他
赢"，该病症就会突然痊愈。但如
果患者发现自己"一直在输"，病
情就会加重。如果孩子觉得这个游
戏"不公平"，或者对手"比自己大"，也会出现这种心理失调。当然，最终
的结果是——大家都不能赢。

你的孩子什么时候会拉便便

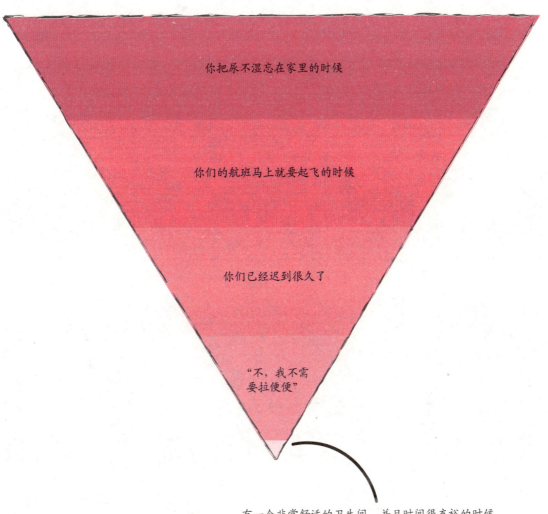

你把尿不湿忘在家里的时候

你们的航班马上就要起飞的时候

你们已经迟到很久了

"不，我不需要拉便便"

有一个非常舒适的卫生间，并且时间很充裕的时候

车座食物碳元素
年代测定法

....

一种先进的技术，

用于检测汽车安全座椅下遗留的食物，

判断其究竟在那儿待了多久。

生化毒物恐惧症

当发现孩子把装满自己大便的尿不湿扯了下来，

并且拿着它在墙上、婴儿床、床单，

还有他自己身上到处擦时，

此时父母的心理状态。

屁屁学 101：满、臭、黏

即使你不是博士，你也知道，孩子的大便形状各异，大小不同，气味和内容也不一样（如果你闻过沾有芥末泥的抗生素，你就一定知道我们讨论的是什么）。

当然，不管你是不是博士，你都会被臭晕。你不小心闻到的这种味道，简直可以提纯当作生化武器使用。当你硬着头皮，打开尿不湿，结果却发现里面什么都没有，只是"一点"臭气而已。你本以为会有"下水道排出物"，结果发现只是"下水道"的臭味，这是最好的情况了，尤其当你储备的湿巾不够的时候。（专家提示：一定要准备好充足的湿巾。）

但在其他时候，你真正面对的东西会比你预计的要多得多。那些正是粪便学家们花费重金研究的东西。当然，除了粪便学家，很少有人乐意去检测不同排泄物之间的细微差别。所以我们通过电脑构建了一系列有可能出现的粪便成分分析，从而帮助各位判断是应该立即去干洗店，还是汽车保养店，或者是直接打电话让专业的除污队来处理。

气态 – 固态

臭气，并且伴随着预料之外的固体粪便，即打屁带出屎。出现的概率：

3% | 在厕所里
35% | 还要开 50 英里才能到达下一个休息站
77% | 在你宣布自己终于可以"告别"尿布的时候
96% | 光屁股坐在崭新的超细纤维沙发上时

固态 – 液态

流动的，液状粪便，即拉稀。出现的概率：

0% | 三周以来都只吃拌了黄油的面条
68% | 在室内游乐场玩耍后，过了十二小时
89% | 吃了来历不明的杏脯之后
99.9% | 去 TacoBell 墨西哥式快餐连锁店吃完饭后

气态 – 液态 – 固态

一炮三响——爆炸性的超级无敌大拉稀。出现的概率：

54% | 喝了狂欢派对上的苹果汁
78% | 幼儿园三年期间，每周一次
86% | 亲子游泳课上课期间
96% | 《胡桃夹子》舞剧开始 10 分钟后。你花了 150 美元购买这场表演的门票，结果仅仅为了不在公共场所丢脸而给孩子买了一杯苹果汁，然后就什么也看不成了。

这些基因让我看上去很疯狂吗？

据说，如果一个人不断重复做同一件事，并且期待出现不同结果，那就说明他已经疯了。这听上去是不是在说你呢？你的小家伙坐在他的婴儿椅上，把玩具往地上扔。而你则不停地捡啊，捡啊，捡啊……是的，你确实快发疯了。你得感谢你的小家伙，是他把你逼到这一步的。

当然，根据我们的研究，一旦你意识到成为父母就是走上了一条从疯狂通往更疯狂的路，你就会放松下来，享受这个过程（还记得我们曾经提醒过你准备一些抗抑郁的药吗，那些药也会对你有所帮助的）。身为父母，你每天都得一遍又一遍给孩子读绘本故事书，一遍又一遍地听儿歌。每天得把食物从上头喂进去，等着孩子的排泄物从下面拉出来，然后把它擦干净。你总是会担心，自己是不是做得太过了，或者做得不够，或者你做的事情的确很多，但并不是正确的。愧疚和怀疑慢慢在你的心里滋生，你会认为其他父母比你做得更好（当然不是你，亲爱的读者。我指的是另外的父母）。

当你发现，你竟然也对自己的孩子说出了母亲当年对你说过的同样的话，你一定会被自己吓倒。（说真的，你怎么就知道自己一定比父母更懂育儿呢？）

生物学对比

....

指的是邀请其他孩子参加你举办的周末派对，

并悄悄地对他们进行评估，

最后断定你的孩子是最棒的小天才。

DSM-V 的重要补遗

2013 年，第五版《精神障碍诊断及统计手册》（又称 DSM-V，或者"心理学家的圣经"）出版发行。许多人因为某些症状被收录，或者某些症状未被收录而产生了激烈的争论。于是，DSM-V 的主编决定在后面增加一份补遗。这份补遗指出父母们的心理往往处于不健康的状态。对于主编的这一观点，我们毫不意外。

这一补遗——"疯狂：不，你并没有发疯。你只是被孩子逼成这样的。"——将会出现在 DSM-V 新批次的书中（哈哈，开个玩笑）。同时，我们还获得了美国心理协会（逗你玩呢，他们根本不知道我们是哪根葱）的许可，在此提醒大家注意，一旦有了孩子，人们的心理将会处于特殊的亚健康状态。

孩子出生以后，这种特殊心理状态会随时侵袭父母，即使他们都是健康、清醒的成年人。并且，这种亚健康状态会一直持续到孩子搬进大学的宿舍（希望那所大学离家越远越好）。尽管在这一特殊的心理状态下，各种精神障碍非常相似（都会导致父母不断地发出"为什么？为什么？到底为什么？"的疑问），但心理学家们必须了解其中的关键区别，从而做出准确的诊断。

妈妈焦虑症

该病症指的是，有些妈妈担心在自己肚子里孕育了四十周的宝宝在跟外界接触时突然得了什么不治之症，即使这种接触是绝对正常的。

症状：坚持认为皮肤上的任何疙瘩都带有超级细菌；每次喷嚏都会传染

非典型性肺炎；每次发烧都是因为埃博拉。过度使用手部消毒剂——不是擦手，而是擦拭孩子的整个身体。某些极端案例中，妈妈甚至试图通过法律途径使她的孩子能够得到"绝对安全"的防护措施。

衣物洗涤错觉

这一病症指的是，妈妈始终抱着一条信念，那就是总有那么一天，她可以洗完所有的脏衣服。

症状：患有这种错觉的妈妈们在最开始的时候都很乐观，甚至雄心勃勃，计划把堆得像山一样高的脏衣服和被尿浸透的床单都洗完。但随着待洗的衣物越来越多，妈妈们开始陷入绝望。她们开始思考一些终极哲学问题，例如"这些脏衣服都是从哪里来的？"以及"为什么所有的衣服都得洗？"一旦"完成"了洗衣服的问题，接下来就得进入需要大量消耗体能的第二步。这一步会带来很多生理不适，例如会出现手腕酸痛。这是因为叠了太多的儿童袜和画有超级英雄的内裤。

PVSD

该病症是一种严重的精神创伤。造成这种创伤的原因有额外的课堂展示活动、课堂志愿活动、课堂协助活动，以及家长教师联合组织，或者运动队、童子军队、舞蹈团、主日学校，或任何一项"邀请"父母参加的活动。（DSM-V的编辑们因为"邀请"这个词的确切含义而分成了两派。一派认为就是字面意思，而另一派则认为更准确的说法应该是"强制"。亲爱的读者们，你们应该认识到，这里的"邀请"就像是黑手党或者街头混混的一种行话。它的意思是，他们对你很客气，但并不意味着你可以拒绝。）

症状：强迫性地随身带着活页夹；待在角落里，不停默念"我做得到的。相信我"；回想起学生活动中心或者家长教师联合会上争吵的情景；经常被发现藏有大量的烘培糕点义卖海报板和义务洗车活动海报板。

动漫焦虑症

该病症是一种情绪失调，其主要原因是孩子过多地接触日本动漫，例如宠物小精灵、陀螺战士、口袋妖怪卡牌游戏，YouTube 视频网站和电视上的动漫节目。

症状：当孩子们喋喋不休地讨论着那些卡通人物角色（他们的生命值、经典的战役、各种超酷的能力及其造成的伤害），或者发现这些小小的塑料制成的动漫人偶、游戏卡牌价格贵得离谱的时候，这种病症就会发作（努曼 · R 等学者在《新英格兰医学杂志》上提到过，他在面对精灵卡牌的时候，被天文数字一样的标价吓得几乎晕厥）。

旁观狂躁症

父母的一种认知错觉，以为通过长期观看各种常规赛、对抗赛、联赛、锦标赛获得的经验使他们比教练或者裁判更专业。这种错觉导致坐在旁观席上的父母们迫不及待地想要与大家分享他们的专业点评。

症状：患有该病症的父母在观看其他赛事的时候，表现跟正常人无异。但是，一旦坐到了孩子们的比赛场观众席上，他们就变得易怒，并且会出现具有攻击性的行为。病症早期，他们会极度焦虑，虽然这个球队的平均年龄还不到六岁，但他们的目标可是将来获得大学奖学金，千万不能让哪个"笨蛋"毁了孩子们的前途。所以，任何自以为是地"机械僵硬"地运球，或者教练或裁判"不恰当"的叫停，都会刺激到这些父母，引发他们的怒火。

选择性厌食症

该病症是一种持续性的厌食症，患者只能消化袋装的零食，以及能放入汽车杯架的杯装饮料。

症状：体重增加；情绪不稳定；青春期之后就消失的青春痘再次爆发；车子里堆满了零食包装袋，地垫上到处都是残渣碎屑。往往在经历了一整个赛季的比赛之后，父母们就会出现这些症状。随着他们送孩子四处参赛的时间增长，路程增加，在公路休息站吃饭的次数增多，其病情会逐步恶化。

乐高抑郁症

由乐高积木引发的情绪崩溃。这些父母打算"帮助"孩子们完成一个复杂的乐高模型。结果他们直到搭第 587 块积木的时候才发现之前的第 28 块积木搭错了，以至于后面的步骤无法进行，必须把整个模型全部拆掉从头开始。

症状：恶心，头晕，呼吸困难，心悸。接着很有可能出现突然的暴怒，然后把整个乐高模型摔到地上，用大锤子把它锤得粉碎，骂骂咧咧地浇上汽油，最后划一根火柴扔上去。

慢性节日疲劳

父母为了给孩子庆祝各种节日而产生的极度疲劳。这是 DSM-V（即第五版《精神障碍诊断及统计手册》）中提出的一种新型的、非常具有争议性的症状。以往，精神病专家认为出现慢性节日疲劳（C.F.F.）的父母仅仅是因为他们不喜欢办派对，所以并没有将这种症状收录在手册中。但现在新的研究表明，患有 C.F.F. 的父母并不是不喜欢派对，而是他们的生活时时刻刻处于紧张的状态，遇到节日这样的特殊日子，则更加需要事事操心，他们实在是太疲劳了。

症状：C.F.F. 前期，父母们往往只是随意地在网站上浏览庆祝节日的相关内容。在发现了一些精致复杂的 DIY 节日手工制品后，他们会陷入疯狂的购物模式，大量购买各种与节日相关的装饰品，甚至连最容易被忽视的"国旗日"也不放过。病情发展到中期，C.F.F. 患者们会逐渐发展为专家们所称的"季节模糊"。一旦进入到这个阶段，父母们就会放任各种装饰品从一个节日摆放到下一个节日。他们会让圣诞节的装饰灯一直亮到六月，在万圣节还吃着复活节的兔子软糖。如果不及时诊治，C.F.F. 就会发展成为节日紧张症，患者会对所有的节日失去兴趣。他们既不想给孩子们藏复活节彩蛋，也没兴趣为孩子们准备万圣节的糖果。更多信息请参考《普通精神病学文献》中克里格尔·K 的研究。这篇文章中有一个案例，一位母亲把一个圣诞小精灵粘在架子上，气愤地叫嚷："我受够了每年圣诞节都得把这个小混蛋摆出来再收进去，从今以后，它就待在这儿吧！"

中枢神经系统

现代父母的中枢神经系统将其从各种外部来源（周围的环境、CNN 新闻频道、喋喋不休的育儿专家）获得的信息整合起来，然后用来指导身体的各项行为。他们大脑中曾经控制语言、运动、设计和记忆功能的分区现在都被分配了新的功能。看好这些追求刺激的小家伙们，不让他们自取灭亡。

高贵气体的传播

一代又一代传承下来的，

有着悠久传统，

但却不被社会认可的一种行为。

孟德尔遗传定律

从生物学的角度，果蝇和你家那个粉粉嫩嫩的小天使可能有什么共同点呢？

除了都对水果感兴趣，都是折磨人的小害虫，果蝇和孩子还都是遗传学的经典教材。让我们回顾一下生物课上有关果蝇的遗传定律：A + B = AB 的混合。

当然，轮到你自己来完成这项杂交任务的时候，你当然希望自己的孩子只遗传双方的优点特征——妈妈美丽的蓝眼睛，爸爸浓密的卷发——而那些缺点特征最好深深埋在 DNA 双螺旋的最底层，千万不要表现出来……或者至少不要在你的子女这一代表现出来。

但是基因的杂交就像掷骰子一样。有时候，你会赢得兴高采烈；但有时候，你会恨不得拿自己的头往墙上撞。科学告诉我们，孩子身上最令人讨厌的特征总是来自于你配偶的那方（当然也不一定总是这样，但指责别人总好过指责自己）。既然"优点"特征的传承是符合科学规律的，那么我们真该感谢那位著名的修道士乔治·孟德尔，现代遗传学之父。正是有了他的发现，我们才能按自己的"需求"来解释孩子身上的特征，那些优点当然是遗传自己的，而那些讨厌的缺点肯定是隔代遗传了我们的上一代。

遗传你的	遗传对方的
创造性解决问题的能力	诡计多端
机智的辩论能力	油嘴滑舌，爱顶嘴
善于决策的领导能力	霸道
追求完美的集中力	吹毛求疵
精力充沛的运动能力	坐不住，多动
充满灵感的讲故事能力	撒起谎来不需要打草稿
有技巧的组织能力	不能控制的洁癖
精明的商业头脑	贪得无厌
温和的交流技巧	没完没了地拍马屁

巴甫洛夫高脚椅
条件反射理论

你的孩子坐在高脚椅上，

一遍又一遍地把玩具扔到地上，

让你一遍又一遍地捡起来，

使你形成"他一扔你就捡"的条件反射。

"化学绝对不是刺鼻的气味和各种混合物的爆炸。"

——匿名

疯狂的育儿化学课

化学反应

一旦有了孩子，你就会想要逃离自己的家，这样就再也不用整天跟着孩子一起看那些幼稚的儿童节目。一年到头看这些儿童节目实在太折磨人了，不信的话，你可以自己在家看几集《粉红猪小妹》试试。

当你受不了的时候，还可以选择带孩子出门去玩，去那些室内游乐场。这样你就可以只用守在游乐场的出口，不让孩子被坏人绑走就行了。带孩子出门最好的一点就是你能跟其他家长交流。或许他们也有跟你一样的烦恼。但如果你运气不好的话，也有可能碰到一些不靠谱的家长。

和其他家长交朋友，他们会邀请你去家里一起看儿童节目（可能还会请你品尝一些鹰嘴豆泥、中东茄盒，还有一些成年人喝的饮品）。这种家长交流活动所产生的化学反应比网上婚恋交友网站还复杂。可能会出现各种情况：孩子们能不能和平相处？妈妈们能不能相互看顺眼？爸爸们能不能至少在橄榄球或者足球越位规则方面找到一些共同的话题？

如果你运气好，碰到一些跟你性情相投的家长，你们之间的化学反应就会很和谐。你们可以一起带孩子去海滨玩，或者在网上继续交流。

但如果你运气不好，那么这种家长交流活动就会像兴登堡惨案一样，趁兴而去，惨烈而归。

门捷列夫的家长元素表

　　一般而言，大家都认为是俄国的德米特里·门捷列夫设计了最初的元素周期表。然而德国人却不这么认为。他们常常说："我国的尤利乌斯·洛塔尔·迈耶尔也是元素周期表的创始人！他是我们的元素周期表之父。这是毋庸置疑的！"为了这点荣誉，这些德国人真是既可笑又可怜。不过从门捷列夫的角度看，他生活于 19 世纪的西伯利亚，除了画元素周期表，的确没有其他事可做了。可怜的人，他甚至连最老式的游戏机都没见过呢。

　　所以，除了德国人以外，所有学习化学的学生都非常感谢门捷列夫为他们画了这张元素周期表。所有学校的化学实验室墙上都挂着这张表。但很少有人知道，门捷列夫曾经是当地的社区协会主席。他也为各个家庭制作了一张元素表，从而方便各位家长更直观地寻找适合自己的家长朋友，避免遭遇不靠谱的家长。门捷列夫获得了诺贝尔奖，这充分说明了生活的疯狂程度可以超越地理和气候的限制。

贵族型家长

　　普通人很难见到这类家长。他们一般都有好几处房产，位于温莎岛、圣巴特岛或者纽约的萨加波纳克等风景宜人并且地价不菲的地方。这些人的孩子都是搭乘豪华轿车到很远的私立学校去上学。即使你的孩子也在同一所学校上学，你也很难在接送孩子的时候跟那些贵族家长搭上话，因为他们根本没兴趣搭理任何人。但如果你的孩子是他孩子的好友之一，他可能会邀请你来参加他孩子的生日派对。这种生日派对的开销往往比你读大学时的助学贷款还高，甚至会超过你的房贷。小寿星会乘直升机降落在著名的海豚球场正中央，接着会有著名的饶舌歌手弗洛·里达为他专门演唱一首说唱歌曲，祝他"生日快乐"。当然，在享受这个奢华派对的同时，你是不是还在回想前几天在查克·芝士儿童餐厅给自己孩子办的生日派对呢？你现在还认为跟那只卡通老鼠人偶击掌就足以让孩子在朋友们中得意一阵子吗？

竞赛型家长

你很难见到这类家长以及他们的孩子，除非你的孩子跟他们的孩子在同一个球队。你见到他们的时候，他们多半正在往车上装各种户外衣物、便携式冰箱、折叠椅、遮阳棚，或者是在开往某个运动场地的途中。这样的家庭中，从家长到孩子每个人都有强烈的竞争意识。因为每个孩子参加的体育运动都不同，所以他们很少在家。他们大部分时间都待在各种体育场馆，参加锻炼、私人训练课程、比赛或赛前会议。如果你的孩子也在这个运动队，那么他们会对你非常热诚，并且跟你分享他们对教练、选拔赛、比赛策略、大学奖学金的看法，还会跟你讨论建议政府投资修建一个新的体育馆。但你跟这些家长交流的时候仍然要谨慎。虽然他们对于大多数话题都能够保持中立与平和的心态，但有一部分话题（被他们称为"傻透了的观点"）则会导致他们激烈的反应。尤其是在平均每天喝下几十罐啤酒的赛季,更得当心,不要刺激到他们。

人人爱型家长

这种类型的家长对附近的每一个孩子都
具有强大的吸引力,他们的家对所有的孩子
都敞开大门。在他们家,有装修好的地下室、
多功能游戏机,还有比得上塔吉特商店零食
区的零食。当父母们发现孩子不见了的时候,
去他们家找一定没错。孩子们全都聚集在他
们家。这家的妈妈正乐呵呵地把新的一盘比
萨块和比萨卷送进烤箱,而爸爸则在泳池边
给孩子们展示怎样玩后空翻跳水。

上进型家长

这类家长的包里永远装着成堆的《琼斯夫人》育儿杂志,端着满满一杯咖
啡。他们和人交谈时,总是说,"你知道的,我听 NPR(译者注:美国国家广
播电台)上说……"这样的家庭经常参加游行、集会、演讲和宿营。他们具有
很高的道德情操,特别乐于助人。只要你跟他们聊聊宠物,他们就会跟你熟络
起来,愿意帮你做事。你甚至可以说服他们用电子邮箱帮你发请愿书。他们做
起这些事来,会特别带劲儿。你不用担心怎么去接近他们,他们会主动来找你
的,只要他们偶然瞟了一眼你的签名和邮箱地址。对他们而言,能够收到你的
邀请,为你的事业(也是他们的事业)贡献一份力量,并且做出让你意想不到
的成果,简直是再好不过了。

懒惰型家长

这类家长常常混迹于费什或者吉米·巴菲特的音乐会，然后躺在后院的长椅上，喃喃自语"我真的感觉到了地球在转动"。这样的家庭中，每个人都是一副不求上进的样子，对什么都不在乎，并且……该怎么说呢……呃……有点懒。这种家庭里，父亲也许是个花匠，给很多人家里布

置过各种各样的花房。而母亲则总在研究新配方的饼干或者布朗尼蛋糕——只是你千万别让孩子去尝这些点心。

崇尚自然型家长

露营！远足！在星空下入眠！在篝火上做饭！在树上瞭望！钻过有毒的藤蔓！接受蚊子群的包围轰炸！这类家庭热衷于呼吸新鲜的氧气，饮用大自然中的水，接触自然界的一切事物。从来没有他们不愿意走的路，没有他们不愿意渡的河，没有他们不愿意一探究竟的洞穴。他们从来不用露营车、原木小屋，或者便携式帐篷。因为他们认为，幕天席地的野外生活可以塑造孩子们的品格。野外生活的乐趣还包括辨别各种声音、识别有毒的昆虫和蛇。他们就像在荒岛求生一样锻炼自己，以防万一机器人真的占领了地球。如果他们邀请你和孩子一起度假，记得一定要给自己预定酒店。

电磁感应定律

招募你进入 PTO（家长教师联合组织）的热情越高，

让你承担的"志愿"工作就会越多。

玩伴兼容性

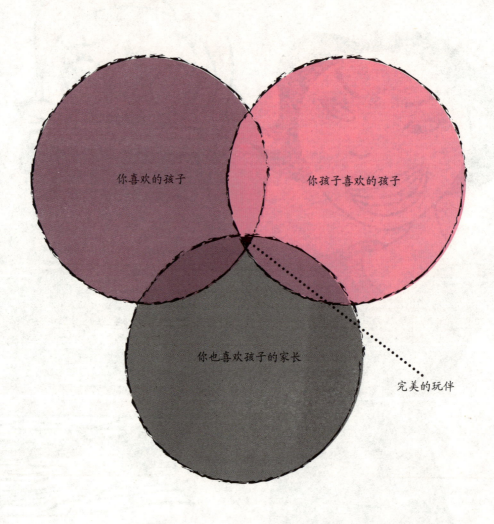

实验室笔记：
被动攻击型育儿方式

邀请别的孩子一起玩和让孩子在别人家过夜是最终极的实验。让你的孩子和其他孩子待在一起，你永远都不知道可能出现什么结果。孩子的任何一个新朋友加入，都会带来极大的不确定性，因为这个新来的孩子背后就是潜在的不稳定元素：他或她的家长。有时，你会比较走运——这个家长很正常！但有时你会觉得自己快要抓狂了。现代技术可以让我们当面向你展示这种疯狂的场景。同时，我们建议你做好防护措施。家长那只灵活的手指按"发送"键的速度，比任何元素挥发和反应得都快。

嗨，艾米！

非常非常感谢你让兰妮周五晚上到你家去玩！她玩得非常非常开心！！但她回来以后筋疲力尽，周六一整天都躲在卧室里不想出来！LOL（译者注：网络流行语，跟汉语网络流行语"呵呵"类似）！嘿，莉薇有没有在哪儿看到过兰妮的粉色毛衣呢？她很确定把毛衣落在你们家了。下次来我家玩吧！

——金

嗨，金！

我们随时都愿意来玩！孩子们周五晚上玩得太晚了，我半夜两点钟还听到她们嘻嘻哈哈的声音！我希望兰妮的状态没有影响你周六的安排！莉薇也困得一整天都睁不开眼睛，哈哈！我会让莉薇找找那件毛衣的，它一定就在某个地方！回头见。

——艾米

半夜两点啊！她们简直吵死人了！莉薇的其他朋友可没有这么大声音。三更半夜吃布朗尼蛋糕，这到底是谁的主意？肯定不是莉薇提出来的。不能再让兰妮来过夜了。

艾米，

天啦，对我完全没有影响！！！她没有来闹我，我一整天都过得很清静！

兰妮很确定她把毛衣掉在你家了。她到处都找不到。如果你找到了就通知我，我顺路过来拿！再次感谢！

——金

感谢你个头。谁想周六一整天伺候一个恹恹无力的孩子啊！再也不能让兰妮去她家了。我非常非常确定，那件毛衣就在莉薇的床下面，兰妮就是把它塞在那儿的。

金，

莉薇到处都找不到那件毛衣。那件毛衣是粉色的，对吧？会不会就在兰妮的背包里？

找到了就告诉我。

——艾米

我们没拿你那件廉价的粉色毛衣，好吗？为什么你不愿意花上五秒钟在兰妮的东西里面找一找，就急着指控我们？那个孩子的东西简直一团糟，说不定她把毛衣吃了呢。

艾米，

　　没有，毛衣不在兰妮的背包里。麻烦你能再找找吗？看看会不会塞在床下面，或者掉到莉薇的洗衣篮里了。IDK（译者注：网络流行语，意思是"我不知道"）这些孩子怎么收拾东西的，简直让人想发疯！LOL！

　　　　　　　　　　　　　　　　　　——金

　　好吧，真是让人意外。这已经是在你家"弄丢"的第三件衣服了。一句话：莉薇喜欢偷东西。

金，

　　非常非常抱歉，我真的找遍了家里也没看见那件毛衣！！莉薇根本不穿粉色的衣服，所以如果那件毛衣混在她的衣服里面，我一定会发现的。不过，我还是会帮你留心一下的！

　　　　　　　　　　　　　　　　　　——艾米

　　天啦，好好说话不行吗！还用LOL？IDK？？你多大了，十二岁？那些表情符号是些什么意思？我有一个很适合你的表情【STFU】（译者注：此处为 Shut The Fucking Up 的缩写，意思是"闭嘴"）。

艾米，

　　好吧，我想它总会慢慢被找出来的。谢谢你帮忙找，还有，再次感谢你让兰妮在你家过夜！

　　　　　　　　　　　　　　　　　　——金

　　毛衣，再见！

金，

　　一定会找出来的！周四布朗尼聚会见！

　　　　　　　　　　　　　　　　　　——艾米

　　真不想再见。

胡克的家长
耐心弹性定律

妈妈的最后一根神经

会随着孩子的调皮捣蛋

而一直拉伸拉伸拉伸，

直到绷断为止。

化学实验室：火花四溅

调查表明，在经历了孩子出生时的激动，以及很长一段时间的空当期后，爸爸们对性爱的需求会非常强烈，甚至超过了紧挨杰克·尼克尔逊的观赛座位（译者注：杰克·尼克尔逊是洛杉矶湖人的铁杆球迷）或者一辆手动挡的保时捷 GT3。与此同时，妈妈们也会对性爱有所需求。当然，保时捷帕纳美拉的确很有吸引力，但妈妈们确实需要性爱。只是有时候，爸爸妈妈们需要一点特别的东西来点燃他们之间爱的火花。

在化学中，我们把这种特别的东西称为"催化剂"。催化剂可以改变活化能，从而使人更容易做出某些行为——就像烟花，或者爆炸，或者在孩子看《泡泡孔雀鱼》的时候飞快地冲个澡。

记得查阅我们提供的每一种催化剂所改变的活化能数值，然后根据这个表来制订计划。

催化剂： *把所有的脏衣服放进洗衣篮里。*

改变活化能数值：5

性爱的可能指数：10%

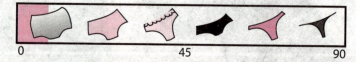

0　　　　　　　　　　　45　　　　　　　　　　90

催化剂：把衣服洗了。

改变活化能数值：20

性爱的可能指数：20%

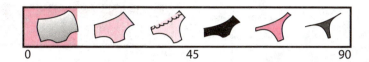

催化剂：把衣服洗了，叠好，收进衣橱。

改变活化能数值：70

性爱的可能指数：95%

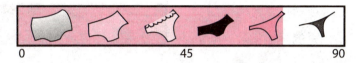

催化剂：带上红酒，在房门口等着。

改变活化能数值：15（每杯）

性爱的可能指数：20%（每喝一杯）

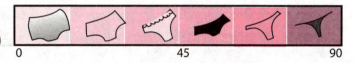

催化剂：真正把屋子打扫干净，包括浴室，还有地板。没有任何抱怨。

改变活化能数值：90

性爱的可能指数：100%

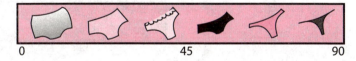

催化剂：自己动手开始任何一项提升房屋质量的工程。

改变活化能数值：40

性爱的可能指数：45%

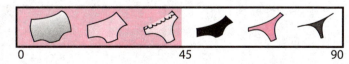

催化剂：完成这项工程。

改变活化能数值：80

性爱的可能指数：90%

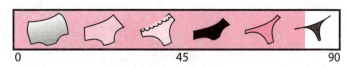

催化剂：去购买日用百货。

改变活化能数值：50

性爱的可能指数：55%

催化剂：除了袋装零食和牛肉干，还买了别的东西。

改变活化能数值：70

性爱的可能指数：85%

催化剂：去餐厅吃饭，不是儿童餐厅，没有儿童玩耍区，也没有带孩子。

改变活化能数值：50

性爱的可能指数：70%

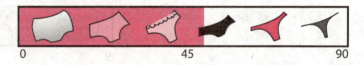

催化剂：出去度周末，不带孩子。

改变活化能数值：80

性爱的可能指数：90%

催化剂：送妻子一个人去度周末。

改变活化能数值：90

性爱的可能指数：100%

（如果她回来的话）

看电视时的饮品索引

陪孩子看不同电视节目时所应选择的饮品。根据本索引的推荐进行选择可以保证你在最少消耗量的情况下，仍然不至于被这些儿童节目逼疯 *。

《小卡由》

《爱冒险的朵拉》

《托马斯和他的朋友们》

《小兔麦斯和露比》

《艾摩》

迪士尼拍的随便什么电影

皮克斯拍的随便什么电影

水

苏打白葡萄酒

一杯黑皮诺葡萄酒

一瓶黑皮诺葡萄酒

大都会高酒精度鸡尾酒

双料威士忌

超级烈酒龙舌兰

*承受能力也许因人而异

热力工程

父母们每天都在操作着令人印象深刻的科学实验。他们对原材料——有机物、离子化合物、油酸——进行加热，然后，当当当当！一份牛肉奶酪汉堡就做好了！看看你的实验成果，也不比玛丽·居里夫人差多少嘛（当然，希望你的实验成果没有那么大的放射性）。

但不精通厨艺的父母该怎么办呢？例如，像我们这样的父母，知道的烹饪技巧仅限于，"用叉子刺穿塑料包装袋。放于微波炉内，高温加热四分钟"。别担心。我是说真的。即使你的厨艺能够达到米其林三星的标准，你的孩子也不会爱吃你花了几个小时准备的美味佳肴。

科学家们至今还没有搞清楚导致这一现象的复杂原因。孩子们小的时候会吃各种各样制成糊状的奇特的食物。但从他们学会说"不"之后的某个时刻开始，他们的味觉就开始缩水了，就像被放入甩干机里的纯棉T恤一样。从那时开始，孩子们就会把巨无霸、奶酪、薯条、鸡块、热狗、干麦片、花生酱或者果酱三明治当饭吃了。他们偶尔还会吃点烤芝士三明治，但只有在芝士是橘黄色，并且是方形的情况下才吃。相信我们，他们绝不接受任何其他的形式。午餐竞赛只是妈妈们之间的厨艺比拼。对于孩子们（大多数）而言，只要你在饭盒里加上鲜艳的橘黄色奶酪，他们就算是吃面条也吃得很开心。

食物损耗
指数计算

．．．．．．．．．．．．．．．．．．．．．．．．．．．．．．．

计算你所需准备的食物总量的方法：

真正进入小家伙嘴里的食物，

等于你所准备的食物总量减去

沾在他衣服上、头发上、地板上、墙上，

还有你身上的食物。

通用幼儿喂食协议

一旦你的孩子开始吃固体食物，进餐就会成为探索厨艺的有趣课程。父母会给孩子们介绍除了母乳和奶粉之外的美味：燕麦糊！李子糊！鱼肉糊！

然而，不管父母们多么热情地向孩子们引荐小章鱼和咖哩鸡（如果孩子接受它们的话，在选择餐馆的时候就可以有一个确定的选择范围，而不用去每家餐馆问"你们这儿提供儿童餐吗"），他们必须始终把食物的安全性放在第一位。怂恿孩子尝试新食物是所有父母的天性。这种尝试既充满了探索和指导孩子的乐趣，也很有可能出现沮丧、愤怒，以及衣服和窗帘上怎么洗都洗不干净的污渍。

以下协议可以帮助你把喂食过程中可能产生的混乱降至最低。好好学习一下吧，这样才能给你和你的孩子提供一个安全的进食环境，并且避免误伤到和你们一起吃饭的无辜的人。

1. 食物不能在任何方面"很怪异"。"怪异"的定义由孩子单方面决定。

2. 最喜欢的食物可以在不做出通知的情况下进行更改。优先吃的食物并不一定表示下次还要继续吃。

3. 特别想要某种食物并不意味着一定会吃这种食物。

4. 孩子可以吃任何人正在吃的那种食物，没有例外。每顿饭都要根据需求进行准备。

5. 新的食物将会受到极度歧视。提供任何新的食物之前，必须进行申请，一式三份。

6. 同一个盘子里的一种食物不能接触另一种食物。任何时候都不行。

7. 只有放在"正确"的盘子里的食物才能够食用。家长无权对"正确"进行定义。

8. 一个盘子中，薯条和任何绿色蔬菜的比例必须保持 8:1。

9. 最少几口吃完必须提前协商。没有任何例外（除了蛋糕之外）。每一口的大小由孩子单方面决定。

10. 只有三角形的三明治才是唯一可接受的。切成正方形的三明治即被"破坏"了，必须重新做。

11. 水果和蔬菜必须做成可爱的动物造型。那些造型你只在拼趣网站上见到过。即使你费劲费得千辛万苦，用香蕉、西瓜和橘子做出了动物造型，但孩子对它的喜爱并不意味着他会吃这些东西，不管你怎么保证它很好吃。

12. 番茄酱必须大量使用。牧场沙拉，同上。

13. 不想吃的食物可以放在父母的盘子里，即使已经嚼过了。

14. 如果能用手指的话，就不需要用叉子。

15. 如果能用上衣的袖子，上衣的前襟，或者父母的裤腿擦嘴，就不需要用餐巾。

16. 晚餐吃了三口就饱了，并不影响孩子在睡觉时要求吃一份花生酱果酱三明治，因为他"饿了"。

17. 袋装零食必须拆开，但不能完全打开。完全打开的袋装零食会被拒绝，必须重新拆一包。

18. 不准吃餐后甜点是绝不能忍受的。任何试图取消餐后甜点的行为都会招致孩子的勃然大怒。

19. 破了的饼干是"坏"的，一般都会被拒绝食用。

20. 鼻涕也是食物的一种。

准备晚餐所需时间预估表

你拌好一盘沙拉，或者把意粉扔进锅里的时间，取决于身旁"小帮手"的数量和年龄大小。

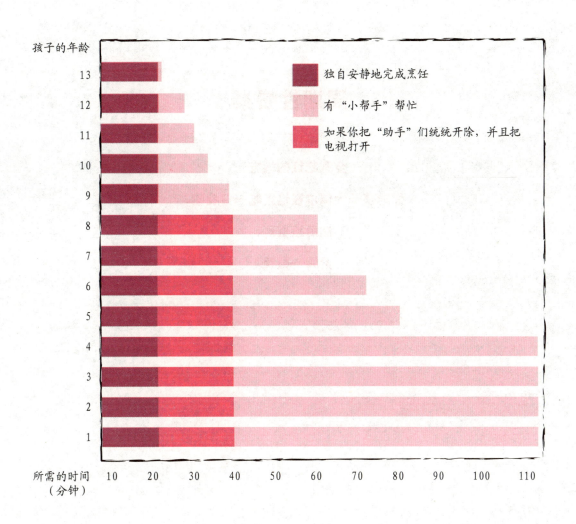

周期性餐桌

全家吃饭的地方，

你的孩子会偶尔在这里吃一口食物，

然后接着玩，

折腾一整晚。

实验美食学：对土豆的研究

研究目标：如果一个孩子每天都吃大量薯条，那么他是否会对其他形式的土豆类食物感兴趣，尤其是泥状土豆。

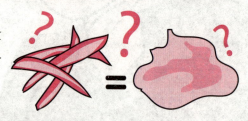

研究种群：一个特别挑剔的食客，四岁。一个完全不挑食的食客，四岁，作为对照组。

【因为研究组无法找到年龄匹配的对照被试对象，没有哪个四岁的小孩不挑食的，所以一只四岁的金毛犬"自愿"作为对照组。（所谓"自愿"，我们指的是"在餐桌上讨取食物"，即使是它不愿意吃的食物它都接受）】

研究方法：实验于下午 5 点钟（即晚餐时间）在被选为进行实验的家庭的厨房开始。在开始本次实验之前，有一个为期三天的准备阶段。在准备阶段，实验人员会给这名小食客提供炸薯条配番茄酱和其他主食，从而验证他是否接受并且喜欢吃炸薯条。晚餐时间不提供任何其他形式的土豆，并且这名小食客在一天中的其他时间都不摄入土豆。

数据整理：实验期间，薯条被替换为一大勺松软的土豆泥（加了份量很足的盐和黄油），然后提供给这名食客。她似乎对新的食物很吃惊。很快，吃惊转变为警惕，然后是愤怒。实验人员观察到，这名小食客把盘子推开，噘起嘴，对实验人员做出一副"讨厌鬼，懒得理你"的表情。

实验人员进行了第二次操作，试图说服小食客食用土豆泥。实验人员指出，小食客喜欢吃薯条，而实际上，土豆泥就是压成泥状的薯条。小食客仍然坚决地拒绝尝试土豆泥。

在第三次操作中，实验人员模仿飞机的声音，对小食客说："请打开机库！飞机要降落啦！美味极啦！"小食客对土豆泥的反对态度仍然很强硬。

第四次操作，实验人员使用了"只吃一小口"的策略，向小食客保证不用吃完整份土豆泥，只需要"尝一尝"或者"试一试"。然而该策略遭到了她的强硬反对，"我不喜欢土豆泥！"实验人员指出，"你尝都没尝过，怎么知道自己不喜欢呢？"小食客则完全不理会实验人员的话，丝毫不为所动。

在第五次操作，也是最后一次尝试中，为了说服小食客尝尝土豆泥，实验人员换了一种完全不同的策略。实验人员提出"一口换一口"的方式，即吃一口土豆泥就吃一口好时牌巧克力。她起

初考虑了一下这个提议（貌似有把土豆泥喂下去的希望），但接着她拒绝了。

土豆泥被提供给对照组，很快盘子就被舔干净了。

实验结果：在测试一名四岁的喜欢吃薯条的挑剔食客是否能接受其他形式土豆的实验中，说服小食客吃土豆泥的所有方式均遭到了拒绝。对小食客而言，土豆泥不是薯条，两者根本不能相提并论。对照组则对吃土豆泥（或者其他任何食物）没有任何反对意见。然而，实验人员必须考虑到对照组对美食的评价标准，毕竟它连自己的便便都会舔。

实验结论：在此次实验的基础上，研究人员做出了如下结论：小食客不会食用薯条之外的其他形式的土豆。考虑到挑食的现象在 13 岁以下的孩子中普遍存在，研究人员认为本实验的结果也适用于其他人群。

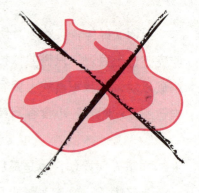

孩子盘中食物的去向

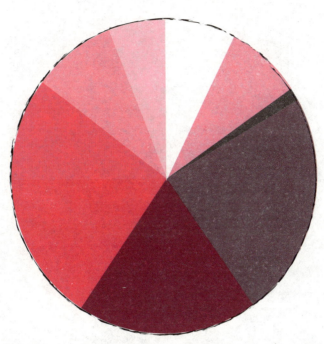

■ 上衣前襟

■ 包在餐巾里

■ 盘子下面

□ 泡在牛奶里

■ 喂给狗吃了

■ 趁兄弟姐妹不注意时，扔到他们的盘子里

■ 裤子口袋里

■ 用嘴含住走到卫生间，然后吐在便池里

■ 吃到嘴里

布朗尼亢奋症

....

孩子在睡觉时

啃了几口双层的布朗尼蛋糕之后，

突然爆发的亢奋状态。

四色困扰症

....

给孩子买生日蛋糕时，

他看中了一款四层不同颜色的彩虹蛋糕，

而你得说服他就买一个单层的巧克力蛋糕。

碰撞频率

化学知识告诉我们，在一个密闭的空间里，分子越多，它们之间的碰撞就会越多，导致的反应就会越多。

除了生日派对上挤满了孩子的充气蹦床，还有什么跟上文描述的景象更相似呢？有人说，水……唉，简直要引出你的泪水了吧！（不要郁闷了……我们会一直陪在你的身边……还有，别忘了倒上一杯鸡尾酒！天哪！求求你把孩子带走吧！）

不是跟你开玩笑，孩子们的各种活动为我们提供了大量近距离观察"碰撞频率"的绝佳机会：足球并列争球、篮球、夺旗橄榄球、垒球、真人对战、斗剑、枕头大战、软弹枪大战、兄弟姐妹间的口角、极具攻击性的小马游戏。甚至还包括两三岁小孩的脸颊和桌子边缘的碰撞。嗷……噢！最后这个碰撞可是会留下印记的。

认识你们真让我高兴，亲爱的邻居，你们这儿急救中心的服务真是贴心。那么，有没有人能够来护理一下我的孩子？我觉得他需要缝针。

临界值

·····································

在脑袋爆炸之前，

一个家长所能独自看护的

孩子的最大数值。

玩耍族中的化学：
你的孩子一定会掺和的五种元素

　　看看你的周围。我是说真的，站起来四处看看。你能看到的有：家具，趣多多饼干筒——那是孩子回家前你偷偷吃的，家里的猫在你刚刚清洗干净的地毯上吐得到处都是，还有你希望没有任何人看见的厨房桌子下面的积灰。你周围的一切都是由元素周期表上面的物质所构成的。这听起来很酷，对不对？我们也认为这很酷。有些元素，例如金、银、铜，就像灰尘一样来自于大自然，并且很久以前就存在了。但有些元素，例如 118 号元素则是最近几年在实验室里创造出来的。科学家告诉我们，元素周期表上一共有 118 种元素，并且数量还会继续增长。科学家们就像在量子化学领域玩藏宝游戏一样，不断发现新的元素。

　　然而，当美国科学家认为他们已经发现了五种新元素的时候，我们还是有些意外。根据研究者的观察，这些元素长期存在于游乐场、托儿所、童子军营、儿童体育馆、舞蹈教室周围，而迪士尼乐园和芝麻街乐园附近含量最高。

　　当然，在国际理论化学与应用化学联合会（IUPAC）给这些元素命名，并将它们加入到元素周期表之前，必须有两个实验室证实它们的存在。这五种元素会给元素周期表增加一个新族——玩耍族。

咒骂元素

这种元素有点像"黄铁矿"，常被误以为是金子，实际一文不值。据称，在遥远的私人小岛、好莱坞的摄影棚、音乐电视、芬威棒球场的三垒线，以及任何空军一号登陆的地方都存在。但实际上，咒骂元素和其他元素一样常见，我们可以在任何一个儿童游乐场的沙坑里挖到它。这种元素是无毒害作用的。但我们还是建议你在接触它之前戴上护目镜。因为它可能伴随着强烈的"翻白眼"，也许会对你造成伤害。

沉迷元素

这种元素非常稳定，可以说是一种惰性元素。科学家们发现这种元素往往位于索尼电视游戏机、微软 Xbox 游戏机，或者任天堂 Wii 游戏机的前面。但它绝不会出现在任何真正需要肢体运动的游戏中。有时，沉迷元素可能会受到诱导与外界进行肢体互动。但通常情况下，它只需要一个类似 Minecraft 沙盒游戏、植物大战僵尸，或者部落冲突这样的数字矩阵来进行互动就够了。

疯狂元素

这种元素很不稳定，并且毒性很强。在其他元素存在的情况下，一旦在玩耍中加入疯狂元素，则很有可能产生无法预计的后果。如果按照正确的配比加入疯狂元素也许不会出现什么严重的后果。但是，疯狂元素是非常容易被激活的。不过想要稳定它们也很简单，带皮的三明治，或者在糖果乐园画橡皮糖卡片都很有效。值得注意的是，恐怖组织一直都在募集更多的疯狂元素。跟这种元素打交道一定要多加小心。

危险元素

如果要进行特别危险的实验，就需要用到这种元素来调节速度、力量和物质方面的限制。这也是为什么危险元素常见于楼梯的顶部、游乐场荡得最高的秋千、最高的树枝、带滑板坡的公园、滑雪道，还有主要医疗机构的急诊室里。幸运的是，危险元素很容易跟无纺布和万能胶产生反应，所以也很容易被修复。

戏剧元素

接触这种元素时务必带上护目镜，因为它一旦被激活就会迸射出五光十色的火花。尽管戏剧元素无毒，但很小的干扰都会造成其突然爆炸。会干扰戏剧元素的事情包括青葡萄、"不对的"衬衫、递来的盒装果汁已经插好了吸管，等等。幸运的是，戏剧元素燃烧的火焰很旺，也很快。一般而言，只要它的能量耗尽就会熄灭。但它也有可能闷闷地烧上。

父母反应曲线图

孩子出现怪异行为时，父母的反应状态在很大程度上取决于孩子的年龄。

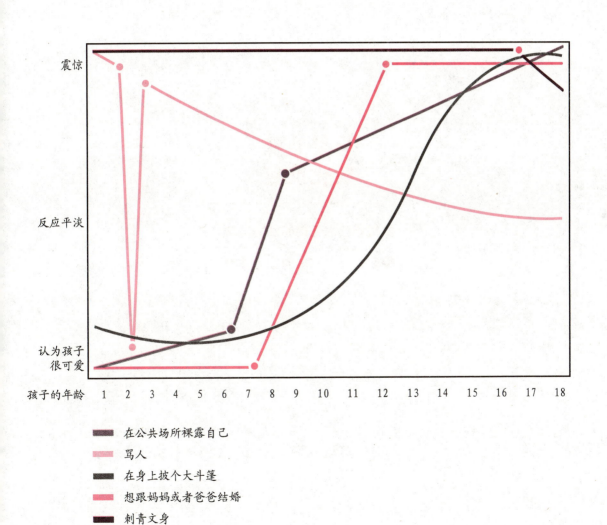

震惊

反应平淡

认为孩子
很可爱

孩子的年龄　1　2　3　4　5　6　7　8　9　10　11　12　13　14　15　16　17　18

- 在公共场所裸露自己
- 骂人
- 在身上披个大斗篷
- 想跟妈妈或者爸爸结婚
- 刺青文身

兄弟姐妹
氧化反应

希望自己的兄弟姐妹冲出来

"彻底解决"这个问题的冲动。

体育运动：
究竟给我们带来了什么？

巴祖德（比 10 的 100 次方更大的测量增量）的调查明确指出了体育运动对孩子的好处：经常进行体育运动的孩子身体更强壮，智商也更高，被墨西哥毒枭拉去贩毒的概率也更低。这就是为什么我们每个周末一大清早就爬起来，把孩子送到两个邮递区之外的场地去练习和比赛的原因。我们真诚地希望通过努力，除了在赛场边给孩子加油时收获的晒伤之外，让家长们得到更多的收获。以下就是我们希望加入名单中的运动。

停车场寻踪

没有年龄限制，随到随诊的超市快捷诊所。教练已经在超市停车场就位了，你可以从上午 10 点练到下午 4 点。在这项运动中，你要集中精力，深呼吸，然后推着超市的购物车往前冲。你得身手敏捷，绕过时刻变化着的挡车杆和栏杆，协助妈妈找到她忘记停在哪儿的爱车。

争夺垃圾桶

这项运动是由夺旗运动演变而来的。运动员们必须在不时有人干扰的情况下，把垃圾桶和废物回收箱装满，并且在垃圾收集日把它们拖到大门外去。垃圾桶和废物回收箱被清空后，必须再次把它们装满。能够将正确的垃圾放入正确的容器，并且在正确的日期将其拖到大门外的人将获胜。该运动项目不受天气限制。

拔草竞赛

这是一项覆盖整个社区的运动。运动员们分成若干个小组，在分散的赛场上进行拔草。获得最多草的小组将成为赢家。他们的奖品是在下一周的拔草竞赛中，可以比其他组提前五分钟。

寻物马拉松

这是一项长距离的寻宝运动。每个孩子将会得到一份清单，上面列出了上个季度失踪的所有的鞋子、袜子、夹克、背包、书、电子设备、毛衣、水杯。他们必须重新找回这些东西。这是一场竞赛，能够把清单上的每样东西都找回的人就是赢家，而输了的人将被剥夺拥有这些东西的权利。

叠衣服竞赛

这项运动包括，把洗好的衣服叠整齐，然后分别放在不同的叠堆上，从而创造出最高、最稳的叠堆，并且保证在抱着这些衣服上楼的时候叠堆不会倒塌。每个叠堆的衣服必须属于同一个主人。如果有参赛者能够自己把衣服收好，而不是扔在地上，则可以获得额外加分。

铲狗粪瑜伽

这种瑜伽可以帮助选手锻炼身体的柔韧性和核心肌肉群。参与该项运动时，选手必须弯下腰，伸长胳膊，把院子里的狗粪铲干净，并且清洗粪池。热爱动物的选手和有点强迫症的选手会比较擅长这项瑜伽运动。

关灯竞赛

这是一组有趣的跑步比赛。这项运动要求选手在上学或出门之前跑遍整所房子，关掉房子里的每一盏灯。每个月收到电费账单时会宣布获胜者。

厨房冰壶赛

跟奥运会上的冰壶赛类似。每个队员都会发一把扫帚。选手们必须清扫指定地域。获得最多绒毛团、灰尘、食物碎屑和橡皮擦残块的选手将获胜。

购物接力赛

父母事先准备好一份列有每周所需物品的清单，至少有十项……呃……还是别开玩笑了……至少有二十项。选手们分成两组，同时从超市内的星巴克咖啡馆出发，搜寻清单上的物品。而父母

们则可以坐在咖啡馆，不时啜一口拿铁，看着手机打发时间。能够不通过家长协助，有效使用优惠券结账的小组可以获得额外加分。

使父母受伤的有关因素

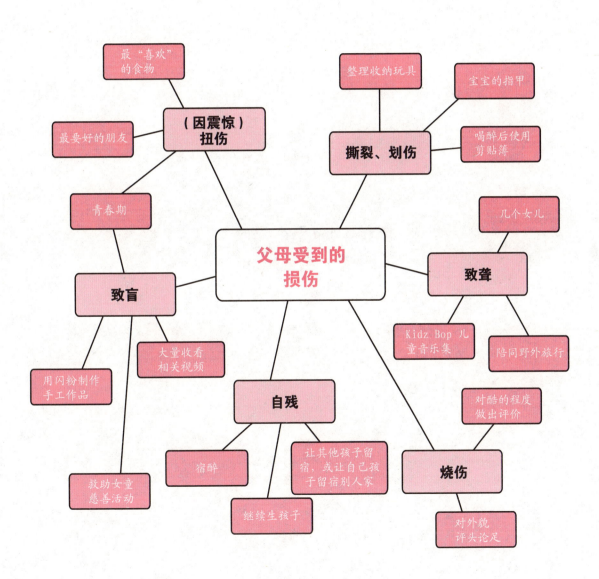

理想排气准则

孩子如果打了一个响亮的嗝，

或者放了一个很响的屁，

他就会向在场的所有人宣布并且不断重复。

如果生活不那么有趣，那么它将是一场悲剧。

——史蒂芬·霍金　物理学家

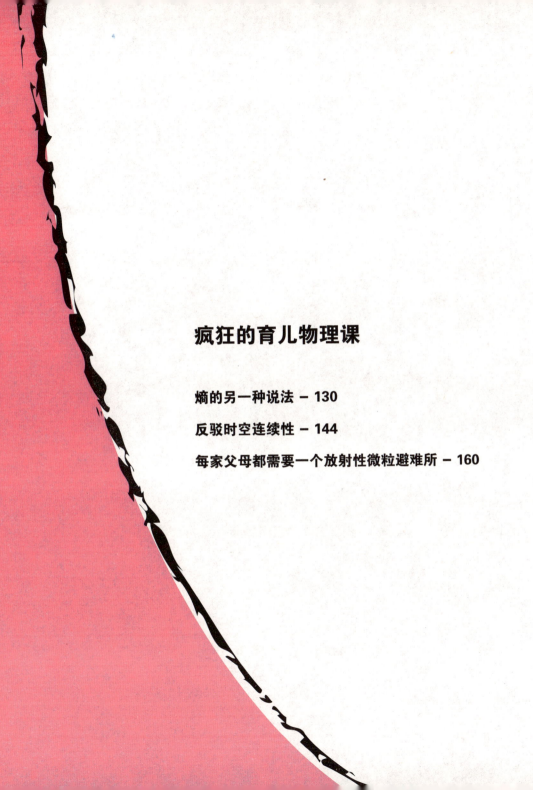

疯狂的育儿物理课

熵的另一种说法

熵，实际上是"在这堆乱七八糟的东西里我什么都找不到"的另一种说法。

"物质会不断分散；中心无法维持；无序混乱逐渐在这个世界蔓延……"这是最新发现的诗人威廉·勃特勒·叶芝与他的朋友兼文友，埃兹拉·庞德之间的书信上的句子。某天，叶芝为了构思诗而心情郁闷，无意中划拉出了这样的句子。他在看孩子时所想到的这句话可能会为他赚得诺贝尔奖。被孩子们包围的叶芝这样写道：

伙计，我在这里简直快疯了。房子里一团糟。我最心爱的笔也丢了。每次我想到一句诗，他们中就会有人来打断我，找我要牛奶，或者是一块水果，或者告诉我叶子上停着什么狗屁蝴蝶，或者是要拉大便！我的诗都完蛋了，伙计！我受不了了。这里到处都是无序的混乱。我明天能去你那里工作吗？

老兄，我们完全能体会你的感受：杂乱，混乱，骚乱。随便你怎么称呼它。就像任何一个物理学家告诉你的那样，整个世界都会走向无序状态。并且不幸的是，即使是从哈勃望远镜所观察到的遥远星系，也同样遵循着这个趋势。你那埋在好几层玩具下方的家里也一样，说不定你的大脑也埋在那下面……呃……我们说到哪儿了？

混乱，不管是精神上的还是物质上的，都来自于孩子。尽管我们尝试着忍受这一切，但是熵终究是会出现的。幸运的是，研究者发现，一旦子女离家去上大学，大多数父母就可以从玩具下面找回自己的家。然而这种情况只会持续到子女们带着他们自己的孩子回来之前。

不稳定的弦理论

....

为什么"有趣"的手工制作

总是在混乱和哭闹中结束呢?

尿液动力学

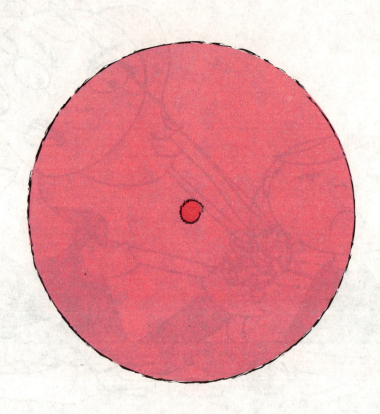

 小便的去处

■ 便池

一个忙碌母亲头脑中的三分钟

在此，向喜剧大师詹森·古德致敬，他博客中的"我两岁孩子头脑中的三分钟"总是能让我们捧腹大笑。

美国妈妈的大脑是非常疯狂的。即使她静静地坐着，看起来很悠闲，她精力旺盛的大脑却一直都在噗噗噗地跳动，就像几千粒黄油爆米花在微波炉中被高温加热一样。还需要在哪里签字？需要烤些什么？需要找什么东西？需要修理什么？需要买什么？需要检查什么？需要洗、甩干、叠什么衣服？这是一种半有序半混乱的状态。

为了更好地测量妈妈的大脑实际上有多么活跃，我们与约翰·霍普金斯大学展开了合作，观测一位正在等着接孩子放学的妈妈大脑里的思维活动。我们选择在车内等待孩子的妈妈作为研究对象，因为坊间认为，等着那些把老师折磨得精疲力竭的小家伙们冲进车子的三到五分钟，是妈妈们仅有的不用承担任何育儿职责，可以自由放松思维的时候。

以下就是原始数据材料中的一部分：

吁！终于到了！学校还没把孩子们放出来呢。哈！有人还在我后面！我不是最后一个！懒鬼！

谁在向我挥手？玛雅的爸爸！（向他挥手）……他算是这里最帅的爸爸

了……我今天看起来怎么样？（迅速在镜子中瞟一眼自己）我头发上沾的东西是芝士泡芙吗？搞定。（在手上写：不要再吃芝士泡芙了！）

（无意识地用手在腿上摸）我该剃腿毛了。嗯，现在是几月？二月？呃，有的是时间。

糟糕！图书馆的书！它们在哪儿？（在汽车后座翻找）OK，找到了——呃，那是什么？什么在动？噢，佐伊梳子上掉下来的一撮头发。恶心。天哪！那是什么？蟑螂吗？车子里面到处都是杏仁巧克力。（迅速在另一只手上写：清洁车子。今天！）

我在那张实地考察旅行的许可通知单上签字了吗？那孩子又得协助举办科学展了？（在口香糖包装纸上划拉几个字：买一块海报板。）

孩子们明天有干净的校服穿吗？可能洗衣篮里还有没洗的校服。我给它们去去味儿就又能穿了。

那上面写着什么？难忘之夜？纯素食食材？这到底是什么，家长教师联合会？我是绝对不会吃那些东西的。（在揉皱的餐巾纸上划拉：晚饭买墨西哥玉米卷。）

（打开收音机）"我祈求雨下在非洲，我们要去做从未做过的那些事……"爵士，这首歌太老了。我高中的时候就听过了。天哪，我觉得自己真的老了。

（再一次照镜子，在揉皱的餐巾纸上继续写：找一款更好的抗衰老面霜，还有遮瑕霜，预约微整形美容针。）

前面的车终于开动了……快走啊，同志们！向前开呀！我还有工作要做呢！不知道我的活儿能不能晚点交……天啦！把一个孩子装上车要那么久吗？上帝啊，我真是累死了，也快饿死了。

好吧，这正是我想要的，苏珊和她那该死的家长教师联合组织的文件板。该死的假模假样的娘——"你好，苏珊！"（把车窗摇下来）"还行。你女儿怎么样？四打？巧克力饼干？好的，苏珊！就交给我吧。"混蛋！现在又加上烘焙饼干的任务。好吧，做饼干的确还算是轻松的。我打赌，那些负责女童子军义卖活动的家长现在还在杂货店卖薄荷薄饼！

等等。为什么这些孩子都穿着睡衣？今天是睡衣日吗？！我真得好好看看校历。（在遮阳板上划拉：看校历。）

又来了几辆车……我的身份标识牌去哪儿了？到底丢在哪儿了？糟糕。我肯定把它扔掉了。（在布满灰尘的仪表盘上划拉：买个新的标识牌。）我需要休假，或者来一块薄荷薄饼。

薄荷薄饼！薄荷薄饼！薄荷薄饼！薄荷薄饼！薄荷薄饼！薄荷——

（门关上了）"妈妈！iPad 在哪儿？"薄荷薄饼！等等。我要做什么？

薛定谔的
背包理论

....

该理论指的是：

打开背包之前，

你孩子的家庭作业处于两种可能的状态：

要么做完了，

要么是"老天，已经到了晚上十点了，你连一笔都没动，明天就要交了"。

你的手机去哪儿了？

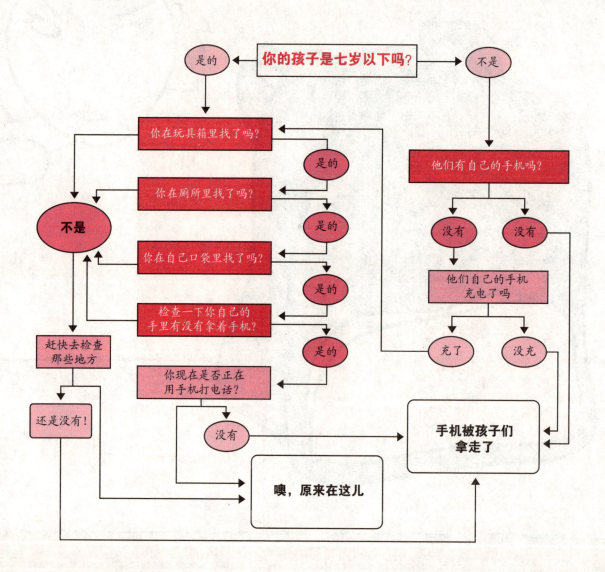

你家：热动力学第二定律的绝佳证明

德国物理学家鲁道夫·克劳修斯构思热动力学第二定律的时候，一定是亲眼见证了他的六个孩子怎样不断迅速地把家里搅得乱七八糟。热动力学第二定律的内容正是：在一个密闭的系统内（例如，一所有孩子在里面的房子），无序和混乱会自然而然地占据主导地位。

起初——也就是说，在第一个孩子学会移动之前，或者没有其他兄弟姐妹之前——父母可能会幻想着，可以把这堆五颜六色的塑料玩具收拾好，或者至少在每天晚上可以打扫一下卫生。

但不久后，随着积木、彩笔、芭比娃娃、贴纸书、摇摇椅、蹦蹦椅、儿童车、过家家玩具、棋盘玩具、木制字谜玩具的不断累积，整个房子看起来就像台风刮过一般。这个台风的名字就叫费雪·布莱斯（译者注：费雪·布莱斯是美国著名的儿童玩具品牌）。到了这个时候，即使是患有强迫症的最坚决的洁癖患者也只好承认：打扫房子是徒劳无用的。

第一阶段：幻想

在史（婴儿爬行史）前的前几个月，你把宝宝放在哪儿，他就待在哪儿。

他的世界基本上就在一块婴儿毯上，或者是一个小桶，或者是一个篮子，身边放着毛茸茸的玩具，可以捏得吱吱叫，或者摇得沙沙响。情况好的话，这个阶段会持续一年。所以这个阶段的家长们会产生一种错觉：别的家长们都在抱怨些什么？真是喜欢发牢骚。我家一点儿都不乱。我都能搞定。

第二阶段：震惊

这一阶段孩子学会了四处走动，真相才开始逐步显现。他会把大号的凡士林膏打开，涂得满手都是，然后用他黏糊糊的小手到处抹。只有埋在一层又一层色彩鲜艳的玩具下面的东西才能逃过一劫。对于那些追求家庭内部装饰的父母来说，这个阶段尤其难熬。父母们觉得自己终于成熟了，可以用酷酷的浅灰色、暗褐色和蓝色来装饰屋子，但孩子的那些五颜六色的东西则完全破坏了家里的整体风格。

第三阶段：挑衅

这一阶段，父母们往往尝试着重新整理屋子，或者至少把客厅弄整洁一点。父母们就像忍者一样冲进屋子，妈妈把玩具放进玩具箱或者游戏室，把那些"低龄"玩具捐给慈善组织，而爸爸则在家里装上更多的童锁，并且把凡士林放在很高很高的、孩子够不到的地方。但是，

噢，如果你从来没有清理过孩子不玩了的玩具，那么你就要当心了。清理"不喜欢"的玩具会被认为严重破坏了孩子和父母间的信任（能够与之相比的只有在零食时间给孩子提供破了的饼干）。记住：即使是孩子不喜欢的玩具，如果你说要送给别人，那么孩子一定会掀起一场严重的玩具危机。唯一可接受的解决办法就是：把所有的玩具都放回原来的地方。

第四阶段：扩张

把地下室收拾好，提供给孩子作为他们的专属领地。这是试图容纳下游戏机、超大的零食袋、飞机模型、玻璃花盆和游戏椅所能做出的最后努力。但是，噢，即使是多了几百平方英尺，也只是让更多的地方被杂物堆满。

第五阶段：撤退

当父母意识到他们根本不可能从一堆堆玩具中把自己的家挖出来重新整理好时，他们会决定撤退。玩具可能会改变，但这种混乱的状态是不会变的。于是，他们随手拿起孩子的天行者背包和 Hello Kitty 背包，还有藏在餐具室的 23 个购物袋，然后把自己能找到的东西都装进去。他们会将这所房子标记为高度污染区，然后迅速撤离。他们穿上彩色的运动鞋，能走多远就走多远。

反驳时空连续性

　　如果说有哪个科学家是父母们真正的，发自内心地认可的，那么这个人就是阿尔伯特·爱因斯坦。这个人非常了解，时间这个东西可以变得非常古怪——尤其在你成为父母之后。

　　爱因斯坦是这样向公众解释他的理论的："把你的手放在一个热炉子上，即使只有一分钟，你也会觉得有一个小时那么久。假如你坐在一个漂亮的女孩旁边，即使坐了一个小时，也好像只有一分钟那么短暂。这就是相对论。"

　　说真的，哪个父母没有发现跟这类似的情况呢？一分钟前，孩子才刚刚从母亲体内生出来，身上沾满黏液，用医院的条纹毯包着。一眨眼，你就看到一个小家伙溜到幼儿园的校车上，既不认真跟你吻别，也懒得回头再看你一眼。接着，时间会过得飞快，你会伤感地流泪。但是，如果是在冬天因为下雪被困在家里，或者在简陋的加油站等一个三岁大的孩子拉便便，时间会慢到极点，慢得让你想哭，也许还不止是哭。

　　"记住孩子的每个瞬间吧。他们很快就会长大了。"说这话的人无疑是大脑受到了严重创伤，导致现在失忆了。

　　这句话的确是真的。孩子们总会长大，但有时候，你却会觉得，他们好像永远都长不大一样。

鞋带相对论

在等待一个刚刚学会系鞋带的五岁孩子时，

时间会停止流逝。

你会看着他拿起鞋带……

掉了……

快好了……

又掉了……

再试一次……

噢，只差一点……

再来……

好吧，再来一次……

绕过去然后再穿过来……

终于系好了。

学校实地考察旅行许可通知单

亲爱的家长：

　　下周我们将进入到新的单元《认识爬行动物》。作为课程之一，您孩子所在的班级将到短嘴鳄生态公园进行一次实地考察旅行。这次实地考察将是一次非常"奇异"的旅行！如果您希望您的孩子参加这次充满乐趣和潜在危险的远足活动，请您填好以下许可 / 保障通知单，盖章后，在本周末之前交还给您孩子的老师。请附上一张 250 美元的支票。（实地考察旅行的费用包括交通费、门票、午餐、零食，还有自然灾害保险）

非常感谢！

校方

（打印孩子班级）＿＿＿＿＿＿＿＿＿＿＿＿＿＿（打印孩子姓名）
＿＿＿＿＿＿＿＿＿＿ 已得到我的许可参与（打印日期）＿＿＿＿＿＿
的短嘴鳄生态公园的实地考察旅行。

请提供您孩子的以下信息：

健康状况：_____

☐您的孩子晕车吗？

（如果晕车，请您准备大量的呕吐袋。如果孩子吐在车上，家长需要额外支付 50 美元的清洁费。请将支票支付给家长教师联合组织。）

食物过敏：

☐花生　　☐树生坚果　　☐奶制品

☐麸质品　☐大豆　　☐人工甜味剂　☐所有食物

其他（请详细列举）_____

您孩子本周不想吃的食物：

☐酸奶　　☐蛋黄酱　　☐面包皮

☐水果　　☐褐色的东西　　☐咬起来吱吱响的东西

☐滑溜溜的东西

其他（请详细列举）_____

附加的零食许可：

我的孩子在我的许可下可以食用学校实地考察旅行提供的零食，除了以下几种（请选择所有适用的选项）

☐有机　　☐当地出产　　☐不添加人工色素或防腐剂

☐用不可回收的容器包装　　☐几乎不含任何营养价值

请列出您孩子当前最要好的朋友：_____

请列出您孩子当前不喜欢的同学：_____

请列出您孩子会随手携带的工具设备（并标上序号）：_____

请列出与您的孩子一起玩多人电子游戏的同学：_____

请列出紧急情况联系人：_____

您孩子的血型：_____

器官捐献：□是　　□否

　　我了解任何一项活动都会有一定的风险性。我同意，如果在此次实地考察旅行的过程中，我的孩子失踪，被甩下，受伤，被短嘴鳄咬伤或者肢解，甚至死亡，或者觉得这次实地考察旅行无聊透顶，校方不承担责任。

家长签名：_____　　　　第二家长签名：_____

见证人：_____

公证人签名：_____

密封处

学年课外活动兴趣走势图

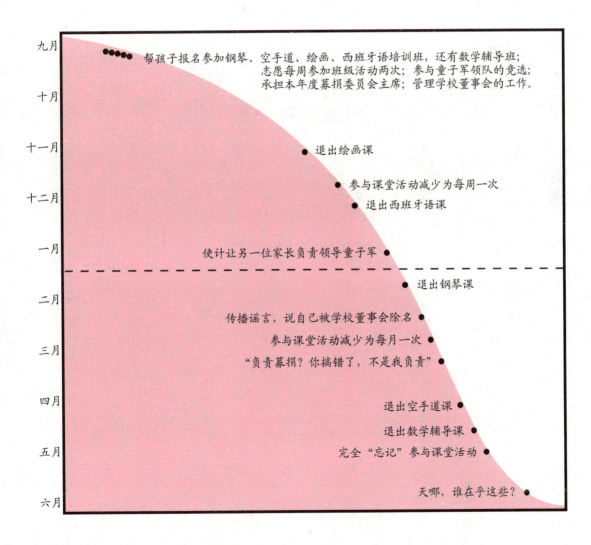

九月	帮孩子报名参加钢琴、空手道、绘画、西班牙语培训班，还有数学辅导班；志愿每周参加班级活动两次；参与童子军领队的竞选；承担本年度募捐委员会主席；管理学校董事会的工作。
十月	
十一月	退出绘画课
十二月	参与课堂活动减少为每周一次 · 退出西班牙语课
一月	使计让另一位家长负责领导童子军 ·
二月	· 退出钢琴课
三月	传播谣言，说自己被学校董事会除名 · 参与课堂活动减少为每月一次 · "负责募捐？你搞错了，不是我负责"
四月	退出空手道课 ·
五月	退出数学辅导课 · 完全"忘记"参与课堂活动 ·
六月	天哪，谁在乎这些？ ·

拼车量子力学

....

为什么妈妈能够同时把两个孩子

送到离家完全相反的两个方向

参加完全不同的活动?

带幼儿出行：负面情绪五阶段

给几岁大的孩子穿好衣服，把他喂饱，带出门，（终于）抱到车里的儿童座椅上坐好，没有哪件事比这个更让人心烦生气，怒火冲天了。想想吧，因为你自己赖了"一会儿"床，你们已经迟到很久了。于是你一骨碌爬起来骂骂咧咧准备出门。这个时候，你的孩子却拖着他（她）的小脚，这里磨蹭一下，那里磨蹭一下。我想，你一定气得血管都快爆了。

尽管你可能怀疑你的孩子是磨蹭方面的天才，不过专家告诉我们，在儿童发育的早期阶段，磨蹭是孩子的天性，也是他们的首选状态。他们磨蹭的本意并不是想给你——恼怒的家长——带来负面情绪。但这种磨蹭行为的确会让人很难受。

根据伊莉莎白·库伯勒·罗斯博士的理论，我们尝试将带孩子出行的过程中所产生的负面情绪分成五个阶段。

1. 否认
这不是真的。这件事不会发生在我身上。不是今天。不是今天。不是今天。我 9 点上班不会迟到。好的。深呼吸。

甜心……甜心！让妈妈帮你把衣服和鞋子穿上，因为我们有点晚了，好吗，宝贝？我不会迟到的。绝对不会。

2. 生气

为什么这种事总是发生在我身上？！别玩玩具了，快过来！别人的妈妈都把孩子送到托儿所，然后准时上班去了。我怎么就不行？！为什么我的孩子不能摆动她的小屁股赶快过来，好让我准时去上班？就穿一双卡骆驰休闲鞋吧！粉色的那双……我不知道鞋子放哪儿去了……那就穿紫色的。也不知道在哪儿！赶快选双鞋！算了！就这一次，我希望走进办公室的时候，老板别看着我。她也有两个孩子，你一定觉得她会理解的。我不介意你不喜欢这件印了卡通公主形象的T恤。你正穿着它呢！但是，事实并不是这样。她家里有保姆可以把孩子都收拾好，而她自己就可以清清爽爽地穿着时尚套装准时上班了。贱人，我打赌她一定觉得我是最糟糕的妈妈了。天哪，我恨她。

3. 讨价还价

看，你可以随便穿你想穿的衣服，对不对？至少你身上还穿着衣服，对不对？如果你把衣服穿上，我可以不给你梳头，这样妈妈就可以去上班了，好吗？你能不能当个乖孩子，为了妈妈？求你了，上帝，如果我能在十分钟内出门，我就再也不大吼大叫了。我会当一个更好的妈妈……我再也不喝酒了……我保证一天不喝酒。好吧，一个星期。

两个星期！如果我能够让她把鞋子穿上，然后十分钟内出门，我保证两个星期不喝酒，好吗？

4. 绝望

根本没有希望。为什么还要徒劳挣扎呢？我绝对不能准时到了。也许我该给公司打个电话说我病了。我确实感到不舒服。已经 8 点 20 分了，我已经筋疲力尽了。也许我感冒了。一切都糟透了。我的生活糟透了。我的工作糟透了。当妈妈糟透了。我也糟透了。我是个失败者。我需要喝酒。

5. 接受

看看你。你已经穿好了。你看上去，呃——很棒。我孩子穿的衣服看起来像是一个分辨不清颜色的疯子搭配的。豹纹配上格子图案？随便吧。反正她穿着衣服就行了。集中精力。衣服还是好好的。深呼吸。你看起来很漂亮，甜心。再来一次深呼吸。我们也许可以钻到车子里去了。你能把鞋子穿上吗？真是个乖女孩。一只脚。另一只脚。搞定啦。

也许我们能够搞定。你准备好上车了吗？我们正往外走，往外走……我正在打开车门……她正在上车……我把她放进安全座椅……我关上车门……一切都会顺利的。我会迟到几分钟，但一切都能够搞定。我可以跟他们说我的表没电了，所以慢了几分钟。你怎么了，甜心？你要去厕所？你在跟我开玩笑吗？你要拉便便？好吧，我就知道是这样。

到达终点的距离计算等式

电子设备剩余的电量
(% Charge left on electronic devices)

注意力商数 (Distraction Quotient)
可以看的视频 × 未损坏的耳机数量

$$(CL \times PS)DQ^2/BS = X$$

对于个人空间的争论
(Personal Space arguments)

停车上厕所的次数
(Bathroom stops)

$$\left\{\frac{实际上厕所次数}{计划上厕所次数}\right\}$$

距离终点的路程

海森堡主题公园
不确定性原理

....

你对孩子的位置知道得越准确，就越不容易知道他跑动的速度和方向，于是他就跑开了。

相反，你对孩子的速度了解得越多，你就越不容易知道他到底在哪儿。

每家父母都需要一个
放射性微粒避难所

在为人父母这项实验的早期——就在这些小家伙刚刚发现了自己的腿可以到处跑的时候——父母们就注意到，孩子有着无穷的精力。这简直就像一个残忍的宇宙玩笑。因为，作为父母——哈哈！——你一点儿精力都没有。零，无，没有，一点儿也没有。这也可以解释为什么父母仅仅为了给孩子讲睡前故事，就必须得喝上一杯能让人五个小时精力充沛的超大杯咖啡。

毫无疑问，不止一个家长思考过，如果能把孩子的无限精力利用起来，就足够使整个国家脱离对化石燃料的依赖，也许还能因此评上诺贝尔奖呢。

噢，但是这种能量是非常不稳定的。物理学家——尤其是那些有孩子的——将其描述为"可分裂的物质"。孩子们玩"猜猜在哪只手上"的游戏时所爆发的能量甚至可以媲美原子弹和氢弹。假如你的孩子正处于"可怕的两岁"阶段，随时都会勃然大怒（或者你的孩子正处于荷尔蒙过剩的青春期，随时都会跟你顶嘴，对你态度恶劣），你就知道这句话是多么正确了。

跟一个随时都会发脾气的孩子一起生活，你的家就像是位于交战区。随时都会因为午睡、家庭作业、不要舔窗框、今天到底用蓝色还是绿色的鸭嘴杯而爆发冲突。不过，这一切还是有希望得到缓和的。

早起能量方程

$$(E = MC^2)$$

$$Energy = Mom \times Caffeine^2$$

$$能量 = 妈妈 \times 咖啡因^2$$

世界观

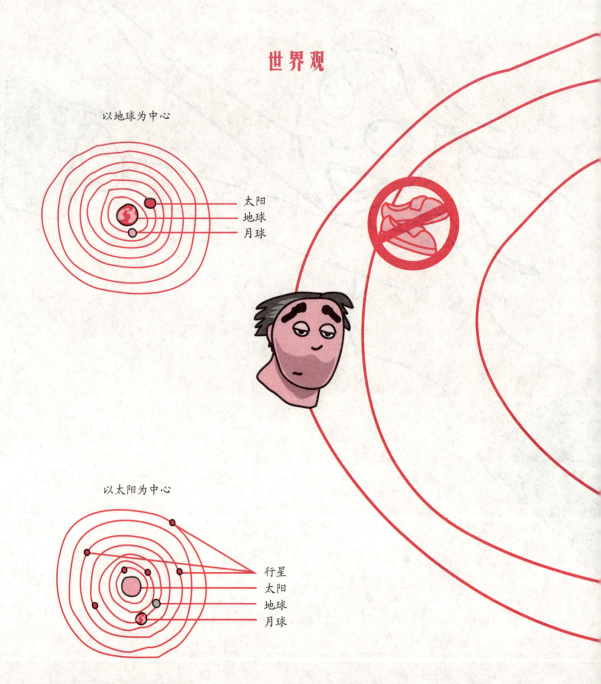

以地球为中心

太阳
地球
月球

以太阳为中心

行星
太阳
地球
月球

叫孩子起床的物理学

　　原子爆破器和粒子检测器都是很棒的工具。你最好将它们拿在手上，以备不时之需。但有时候，简单的工具——例如杠杆和支点——就足够用来完成你的工作了。早在古埃及人建筑他们的金字塔时，这套工具就曾经被用来帮助人们以最小的力量分解并搬起重物。现如今，父母们也能用这套简单的工具把赖床的孩子从被窝里撬起来。要知道，你再怎么费劲地叫他们："立刻！马上！给我起床！"他们也是无动于衷的。我们应该感谢伟大的古希腊科学家阿基米德发现了杠杆原理。他一定也是在早晨叫孩子起床的过程中产生了灵感。

工作日叫孩子起床的技巧

　　1. 把窗帘拉开，让孩子的卧室受到阳光照耀。

　　2. 用鼻子轻轻抚触孩子。"早上好，甜心。现在该起床了。"

　　3. 温柔地摇晃孩子的肩膀，拨弄他的头发，轻轻地挠他的脚趾头和脖子。"快起来，甜心。要迟到了。我们可不能上学迟到呀。"

4. 弯下腰，更用力地摇晃孩子的肩膀。"快起来！如果你再不起床，我们就要迟到了。早餐已经摆在桌子上了。拜托你赶快起床！"

5. "起床！现在就起来！别让我再继续叫你了！"

6. 现在就是杠杆发挥作用的时候了。当你观察到孩子在被子下面紧紧地蜷缩成一个球，你就把被子掀开，把手伸到孩子的身下，弯下膝盖，往怀里撬动，孩子就会从床上滚到你的怀里。这时，你就可以直接把他抱到厨房的餐桌前，让他吃早餐了。

恭喜！你已经成功地把你的孩子从床上撬起来啦！

周末叫孩子起床的技巧

让清晨的第一缕阳光照亮孩子的房间，然后……"我醒了！我们一起玩吧！快起来！我好——饿——！起床！起床！起床！起床！现在就起来！

摩擦系数

午睡时间

把一个尖叫的孩子

从游乐场拖回家

所遇到的阻力。

物质总是会爆炸的（只是早晚的事）

当物理学家们谈论毁灭性的爆炸时，他们一般会列举中子弹、原子弹、氢弹作为首选。

他们犯了个很大的错误。

根据父母受到折磨的程度来看，没什么比得上几岁的孩子突然大发脾气所造成的震惊、恐惧和破坏。

仅仅因为一些看似无害的小事——把巧克力粉搅到牛奶里，读的故事不是孩子想听的，读故事的次数不够——孩子就会勃然大怒，并且事先没有任何预兆。他会用尖叫、踢腿、眼泪、口水来进行攻击。如果你还不认清状况，仍然打算跟他交涉的话，他就会用手肘击打你的眼睛，用膝盖攻击你的要害。科学家和美国国防部将其称为"附带伤害"。

孩子在家里大发脾气的确很恐怖，但如果是发生在外面呢？例如，超市、餐馆，还有你姻亲们的那些摆满古董的房子里……这种时候，"爆炸"所产生的辐射最大，对家长的指责会劈头盖脸地落在你身上。研究心理创伤的专家认为，那些最喜欢指手画脚，口中啧啧不断，说着"我的孩子从来不像那样"的家长，实际上患有匹诺曹综合征。这种病症使他们完全无视自己的孩子也曾经调皮捣蛋过，就跟你的孩子如出一辙。（尽管对那些家长怒目相向吧。他们虽然否认了事实，但那并不意味着他们就敢把你怎么样。）

孩子们的脾气是不可避免的，就像死亡、交税，还有呕吐一样。但是，正如《超人总动员》中的衣夫人所说："幸运总是会眷顾有准备的人，亲爱的。"以下就是在孩子大发脾气时的生存要领。

记住你当童子军时接受的训练

男童子军，女童子军，幼童军，印第安童子军——每个人都曾接受过童子军训练，那么就请你做好准备。这跟冷战不一样，冷战时，各方都有核武器作为威慑。但在跟发脾气的孩子对抗时，没有任何东西可以作为威慑力量。所以，首先你得找到一个藏身的战壕。必要时，任何屋内的房间（衣柜、洗衣房、浴室）都可以。记得提前在里面准备好超大的耳塞、伏特加酒，还有纸袋，以防你呼吸过快。还有饼干。毕竟你曾经是童子军嘛。一定要记得饼干。

跑。

在孩子的怒火爆发之前，识别出将要爆发的迹象，迅速跑离爆炸点。

卧倒掩护。

说真的，你应该不希望自己的头被踢到，或者肚子被打。

让怒火自然燃烧。

试图控制孩子的怒火——这一点的确很让人心动，但却犯了低级错误。这也是大多数父母受伤的原因。一个怒火冲天的孩子强壮得让你无法想象，并且能够轻松地完成回旋踢，一脚踢到你脸上。（专家建议：冰箱里准备好冰块。在你手机的常用联系人里加上一位整容医生。）

吃掉饼干。然后拿起伏特加酒赶快跑。

对损害进行评估

如果孩子是在家里发脾气，那么只要不让他砸坏东西就行了，例如你婆婆最喜欢的蒂凡尼台灯，或者孩子自己的手。如果孩子在公共场所发脾气——尤其是封闭空间，例如飞机或者安静的法式餐厅，那么你就得为在场的每人送上一杯鸡尾酒，甚至包括飞行员和餐厅领班。如果你的孩子大声尖叫，就像有人拿着长长的刀子削他的肉那样，而你却躲在卫生间里。那么你就准备好抄下在场所有人的银行账号，然后直接往他们的个人退休账户里打钱吧。这个就相当于战争赔款。

课后裂变效应

就在你认为自己已经搞清楚当父母是怎么回事，并且正做得得心应手的时候，你孩子的家庭作业会再次击毁这一切。你所有的自信都会灰飞烟灭，就像报废的原子弹一样。

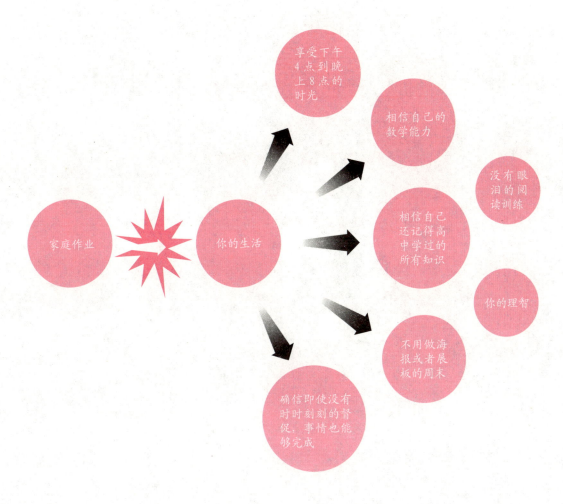

法拉第式怒气笼

妈妈为了躲避"可怕的两岁"，

甚至是"三岁"

而建造的加强型安全防护笼。

"数学家就是在黑暗的屋子里
寻找一只黑猫的盲人，
而那只猫并不在屋子里。"

——查尔斯·达尔文 博物学家 / 地质学家

疯狂的育儿数学课

供给经济学

　　对于大部分父母而言，供给经济学非常直观：我们提供经费，孩子们花掉经费——至少在我们超支之前。如果到了那个时候，破产管理人一般会选择没收我们的信用卡。

　　毫无疑问，孩子们都是非常费钱的小混蛋。父母得给他们买吃的、穿的，还有玩的。与此同时，为了把孩子从小小的受精卵一直养到上大学，父母们需要付几乎等同于一个小型国家全年的 GDP。而这还仅仅只是个开始。

　　即使你拒绝给孩子买某样东西，但总有别的东西要给他买。也许你曾经很奇怪为什么父母们开着破破烂烂的车子，也不考虑换辆好车，那是因为他们原本可以自由支配的薪水，现在逐渐被用于支付孩子的课外活动，学校组织的无数次捐款，还有办派对时发放的那些福袋——那里面装的都是至少十年前的填料。孩子们把收到的福袋带回家后，他们的妈妈肯定会立即趁他们转身的时候直接把福袋扔进垃圾桶。

　　当然，父母们并不吝惜这些花出去的钱。为了给他们的小莫扎特买上一架新钢琴，让他每周能有三分钟弹奏"筷子华尔兹"，即使是让他们每天以冰冷燕麦粥当晚餐他们也愿意。但说真的，除了进行长期投资，还有什么能让我们的孩子进入到那些足以让父母向全世界炫耀的名牌大学呢？

　　当然，要是大学的学费能够像乐高积木一样，一块一块分别缴纳就好了。

宝宝计划清单必需品

宝宝计划清单，听起来像是个省钱的办法：把孩子养大需要买很多东西，所以准父母们列了一个宝宝所需用品的清单，然后拉上自己的父母，还有所有可以跟他们凑单的人，帮助他们支付这些账单，从而避免宝宝缺这少那，长成一个反社会的人。说真的，这简直就是众筹计划的终极版本。

但问题是，在宝宝长到上中学以前，没有人真正了解他们需要些什么。如果到了那个时候再说你需要为他们买个尿布精灵除臭收纳桶，是不是有点晚了呢？

唉，父母在逛儿童用品百货商场的时候，总是很容易被那些"宝宝最爱"的婴儿床上用品所吸引。在温柔的灯光照射下，再加上周边的摆设，这些婴儿床上用品显得格外迷人。不过，那些都是孩子出生前，父母们所想买的东西。下面才是孩子出生后，父母真正希望买的东西：

- 带栏杆的婴儿床
- 婴儿车
- 汽车安全座椅

- 汽车安全座椅安装工具基础套装
- 汽车安全座椅安装工具高级套装
- 汽车安全座椅安装工具专业套装礼券
- 新生儿尿布更换台
- 育儿书籍
- 各种形状与颜色组合的安抚奶嘴，300 个
- 母乳喂养解除卡，持卡人可以自由地选择将母乳喂养转换为奶粉喂养，不用有任何心理负担
- 电击枪，用来捅醒你的配偶，让他凌晨 4 点起来喂奶
- 1000 美元的星巴克情侣礼品券
- 配备有歌帝梵巧克力，Jim Beam 威士忌的安全室，门上装有儿童无法打开的童锁
- 除噪耳机
- 宝宝开始吃固体食物时，厨房的墙、窗户和门上所需粘贴的保护膜
- 探测仪，用来探测孩子每天可能会吃的食物
- 两万盒邦迪创可贴
- 免税的储蓄计划，用于补充丢失的安抚奶嘴、毯子、喜爱的玩具、水杯、夹克、袜子、鞋子、手套、毛衣
- 找回自我 App，用来找回妈妈在生孩子以前的肌肉、胸部、脑细胞和括约肌控制能力
- 52 个提前预约的周六夜晚，配备一名曾经带大过 8 个孩子，对带孩子了如指掌的祖母级看护
- 30 天分量的镇静片……包括 11 份补充装

毛绒玩具逻辑

批量购买你的孩子最喜欢的毛绒玩具，

这样你就永远不缺备用的了。

数量级

笨蛋难聚财：

为了教会孩子承担一点财务责任，一位家长提出了非常仁慈的建议，告诉他们如何管理自己的钱。然而这些建议却遭到了孩子们的过度批判。

数量级 1	数量级 2	数量级 3	数量级 4
批判 x 10^1	批判 x 10^2	批判 x 10^3	批判 x 10^4
跟他们开玩笑，让他们别一下子把钱花光时。	提醒他们上次一下子把所有钱都花光，结果立即就后悔的情况。	提醒他们圣诞节就要到了。	建议他们或许可以在银行开个户，然后把钱存起来。

从培乐多彩泥（Play-Doh）到
索尼游戏机（PlayStation）

你的 40.1 万美元花在哪儿了？

也许你看了不久前美国农业部的报道，就是预估在当地要把一个 2013 年出生的孩子养到 18 岁，需要花费父母平均 30.5 万美元的那个报道。

那可是三十万五千美元啊。好好想一想。认真想想这个数字。你一定在思考，这些钱到底该从哪儿来。来，你可以缓口气；还是呼吸急促，需要纸袋调节吗？最好别这样——纸袋也是要钱的。

好吧……既然现在你的血压已经升到大气层上空了，我们还是仔细思考一下这个报道背后的隐含意义。这个报道证实了我们的怀疑，孩子们的确都是些粗野的动物，我们必须在他们进入这个文明社会之前驯化他们。但除此之外，为什么农业部要发表这个报道呢？以下就是这份报道真正让人震惊的地方：

（1）这笔巨额资金中，至少有三分之一用来重新购买丢失了的《冰雪奇缘》和《星球大战》主题水杯。

（2）30.5 万只够我们成年前一半的花销。

说真的，那些真正的大笔开支该怎么办？例如大学、研究生，还有一个葡萄园。你得酿造大量的葡萄酒来浸泡自己的躯体，因为你已经把自己的灵魂交给了育儿事业。对于这些被吓得目瞪口呆的父母而言，真正派得上用场的是找到一个度量准则，然后合理安排他们的个人消费方式，以及如何在经济方面做好准备，把孩子从出生养到能够自给自足——根据一般情况，你此时已经大概四十九或者五十岁了。然而对于孩子们而言，我们还是现实点，绝大多数孩子仍然需要你的帮助。

幸运的是，我们有这样一个度量准则。我们与石中挤血（译者注：此处为谚语，指办不到的事）金融服务公司，还有设计《时尚》杂志中的小测试的专业人员合作，设计了为人父母的科学——经济准备程度测量表。只需回答七个简单的问题，就能够精确测量父母们是否做好了经济上的准备，包括他们最像卡戴珊家的哪一个（译者注：卡戴珊家族是纽约知名的名媛家族）。

记住，没有错误的答案。（但如果你最后还剩下了一些钱，那你肯定搞错了。）

1. 以下哪种风格最适合描述你家的经济状况？
A）吝啬，但同时更加浪费
B）我就像《伊索寓言》里的蚂蚁一样。费心费力，不断节省，节省，节省。
C）风格是什么？就像 Louboutin 或者 Converse？（译者注：Louboutin 是著名高跟鞋品牌，converse 是著名运动鞋品牌）

2. 谁负责你家的日常预算？

A）我

B）我配偶

C）我和配偶一起决定

3. 别废话了。谁真正决定家里怎么花钱？

A）我婆婆（我丈母娘）

B）孩子

C）破产管理人

4. 你的钱怎么管理？

A）分散投放给蓝筹投资公司管理的共有基金

B）本地银行的货币市场账户

C）我喜欢把钱放在自己手上，所以我们的钱都用在购买车、高端游戏机、劳力士手表、知名设计师设计的包包，还有鞋子上

5. 你每个月最大的开支是什么？

A）按揭/房租和日常生活

B）安抚奶嘴、尿布、奶粉

C）Beanie Boos 毛绒玩具（这些东西早晚会值钱的！）

6. 你怎样预算一笔"有价值"的开支？

A）我们支付得起吗？预算里还有多的钱吗？

B）物品的价格，加上同孩子争论买不买的时间，加上孩子哭着要买的时间，减去我可以安抚孩子的能力，减去我可以给自己倒杯鸡尾酒的速度，等于真正的价值

C）我想象着把这个送给孩子们时的快乐……或者我是否真的非常，非常，非常想要。我想要的话，再贵也得买。

7. 当你的孩子都离开家以后，你会在哪里？

A）离开家？我们还在房子上加了一层，好让他们将来可以回来住

B）单间出租屋，希望有暖气

C）匿名，人间蒸发

测试答案

如果你大部分都选 A：

恭喜你！因为你精心的规划，你可以拥有布拉德·皮特和安吉丽娜·朱莉那样的大家庭，并且不会感到手头拮据。每个人都能得到心爱之物！

如果你大部分都选 B：

我们为你感到遗憾，真的。你的孩子正在把你榨干。希望他们到了十八岁就能够回过头来赡养你。

如果你大部分都选 C：

别生孩子，除非你在瑞士银行有存款，并且你还得去拉斯维加斯赌上一把，在别人看到前赶紧把得到的钱都装进口袋。祝你好运！

冬季衣物分布图

就像枯叶会被凛冽的北风吹得四处飘散，孩子们那昂贵的毛衣、夹克、帽子、手套也会因为他们的粗心大意而被遗忘在小镇的各个地方。

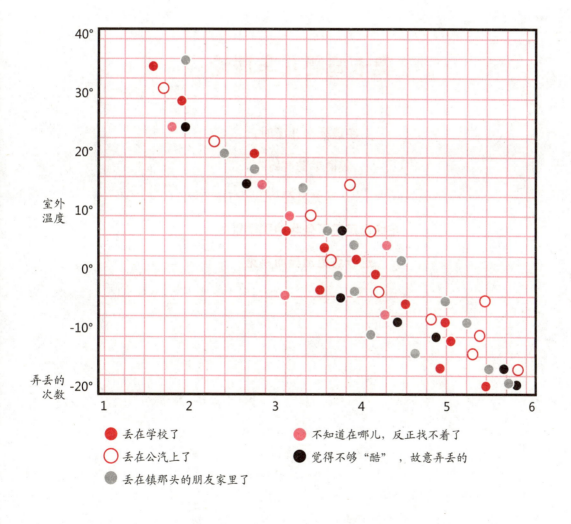

奥卡姆婴儿车理论

在选择婴儿车时，

越简单的越好。

尤其是

在你已经买了豪华的那辆以后，

这一点更加显而易见。

查克经济理论

....

一个复杂的等式，

用来确定你用钱兑换游戏币的比率，

从而可以计算出让孩子赢得价值一美元的奖品你最终实际花费的钱数。

博弈论

每个孩子的成长过程中，总有这样一个时期，一般是在孩子刚刚学会有意识地活动手指之后。他会用他小小的手指头抓住某个东西，然后紧紧握住。这个时期，孩子的行为就像是资本家一样，四处扫荡掠夺。而在孩子这种行为的背后，实际上是社会经济学概念的形成。例如：

- 如果我拿着这个东西，它就是我的。
- 如果我把这个东西从你手里抢过来了，它就是我的。
- 如果我在地上捡到了这个东西，它就是我的。
- 如果我把这个东西放进口袋里，它就是我的。
- 如果我看到了这个东西，它就是我的。
- 如果我偶然想到了这个东西，它就是我的。
- 如果这个东西在商店里，它最终会变成我的。所以，从根本上说，这都是我的！我的！我的！

有人将其称为贪婪。而孩子们认为这就是真理。还有人说这是一种生活方式。（最后这种人也被称为"罪犯"。他们往往都会进好几次局子。）幸运的是，孩子们多看几次芝麻街儿童节目就会明白，他们不能想要什么就有什么。但往往在那之前，我们就会因为受不了他们的百般恳求而把他们想要的东西买给他们。而他们把东西要到手之后，却一点儿也不珍惜，随意扔在地上。

正如 80 年代的代表、孩子们的偶像、金融大鳄戈登·盖柯所说，"贪婪是好的"。但如果"稍微用过"的玩具能够退货就更好了。

是否应该扔掉某个玩具

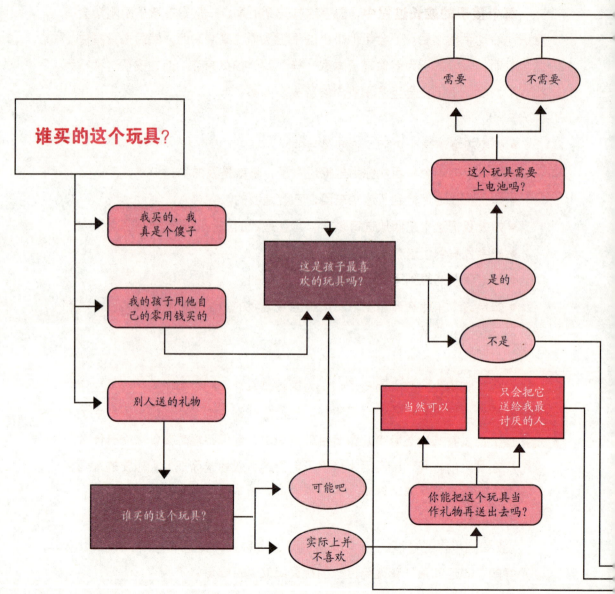

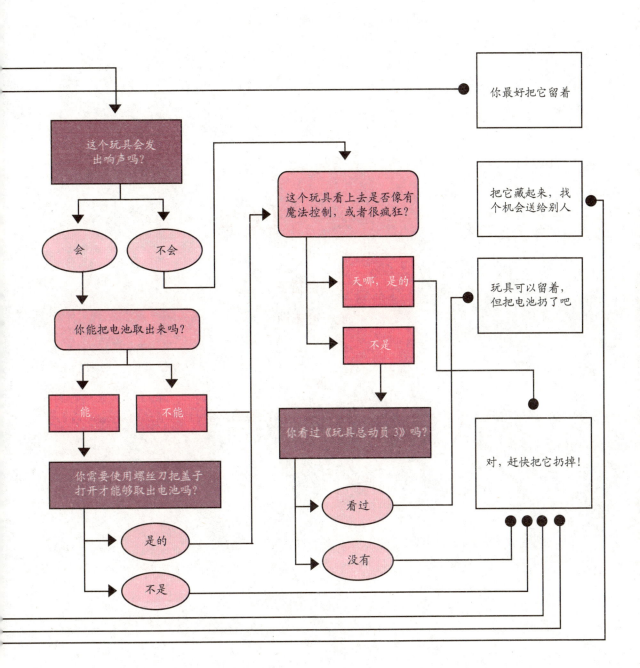

牛顿第一育儿定律

....

不动的孩子

会一直不动

......

除非

你把 iPad 从他（她）手里要回来。

玩具金字塔

　　说起玩具，我敢打赌，只有能让孩子们安静下来，不四处疯跑，远离打火机和火柴的玩具才是最好的。任何一个输得只剩手上戒指的赌徒都会选择把宝押在这样的玩具上。疲惫不堪的父母们最喜欢让孩子玩这种玩具，因为这样他们才能在下班后到晚餐前，找到十几分钟的空闲时间来付支票，回 email，计划美妙的家庭度假。毕竟这次度假早就在 Instagram（译者注：Instagram 是一个图片分享平台，类似于微信朋友圈）上向朋友们公布过了，并且度假的照片还要印在明年的节日贺卡上。这就是为什么电子游戏机和平板电脑在家长群体中备受青睐的原因。

　　然而令人吃惊的是，有些跟我们并肩战斗在育儿前线的父母却认为，玩具所起的作用应该不仅仅是用来分散孩子的注意力，从而避免他们骑着自行车在汽车中穿梭来比试胆量——就算带着头盔也不行。持这一观点的家长通过点对点的方式相互协作。为了把孩子们从其沉迷的互联网游戏中拉回来，他们制作了新的玩具金字塔，并且提倡"滚回去玩那些小孩子该玩的东西"。

　　在食物金字塔的基础之上，玩具金字塔的目标就是把孩子们从那块小屏幕前拽回来，让他们回到真实的三维世界生活中。这个金字塔避开了那些打僵尸的电子游戏，只选择 PPE 玩具——电子游戏机出现之前的玩具（toys that Predate the Pong Era）。但孩子们在周围跑着、玩着的时候，父母们根本没办法做任何事，也根本无法进行思考。这个问题该如何解决，他们却并没有提。

由100%的有机埃及棉制作并填充的毛绒玩具，用于制作玩具的棉花是完全通过生态农业技术进行培育和种植的，并且棉花的质量都经过了权威机构认证

木制玩具，制作玩具的木料来自于欧洲的可持续管理经营的森林，玩具上涂的油漆都是植物染料和大豆油墨

塑料玩具，制作玩具的塑料来自于可回收的牛奶盒，这些塑料都是不添加双酚A、聚氯乙烯、邻苯二甲酸盐等有害物质的

完全由丝绸和纯天然植物染料制成的服装，用于节日庆典，或者扮演各种角色

纯天然、可食用的绘画材料，以及由植物制成的颜料

孩子们真正想玩的东西，一堆廉价的塑料垃圾

新玩具兴奋曲线

当孩子得到一个新玩具后，他或她的兴奋程度会沿着以下曲线下降，然后稳定在较低水平，除非有外力对其产生影响。

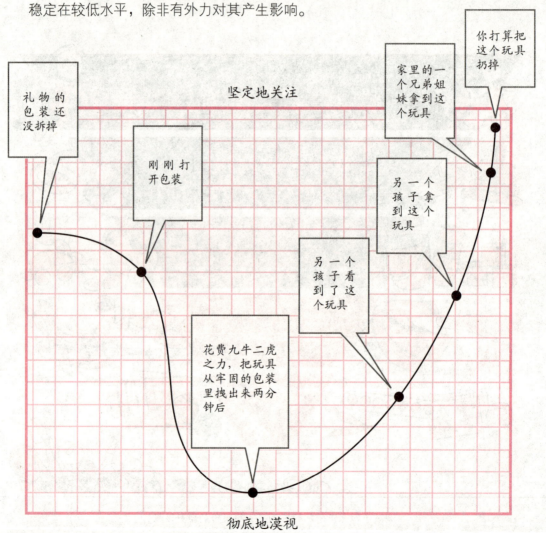

闭上你喋喋不休的嘴巴！

就像圆周率——3.141592653589793238462643，无限延续——孩子们总是不停地叽叽喳喳，叽叽喳喳……停不下来。他们会无止境地讲七讲八，这把软弹枪比那把软弹枪好在哪儿，一个你根本没听说过的孩子在学校里做了什么事，或者念叨你从未看过的《怪诞小镇》里面的情节。

你想了解孩子们的生活，这很正常。你想知道他们交了哪些朋友，他们喜欢看什么电视节目，还有他们为了逃避收拾玩具而扯出的几百万个理由。有时，你会聚精会神耐心听他们说，惊讶于他们的小脑袋瓜究竟怎么转的。但有时，你会希望他们最好统统闭嘴。唉，孩子终究不如大人识趣，不知道沉默是金。尤其是在某些日子，例如妈妈头疼（或者宿醉）的时候，保持该死的安静甚至比 Minecraft 模拟沙盒游戏中的钻石矿还值钱。

当然，你可不能尖叫（尤其在宿醉的时候）。在你把车子驶入滚滚车流，并热切地希望自己能够晕过去以获得片刻宁静之前，不妨玩一玩下面这个有趣的育儿游戏。

1. 你被堵在长长的车流中。你的孩子无数次朝你喊 "按喇叭呀，妈妈！走啊，妈妈！为什么我们还没有动，妈妈！走啊！" 你会……

（A）告诉孩子现在来玩"比比谁能保持安静"的游戏，并保证如果他们能在到达目的地以前一句话都不说，就会给他们奖励。

（B）播放重金属音乐，让麦加帝斯乐队的摇滚盖过孩子们的抱怨。

（C）一边唱着"此刻的宁静……此刻的宁静……此刻的宁静"，一边在座位上前后摇摆。

（D）使用你藏在车里的胶带。

2. 孩子们一直在你耳边唱那首神曲《蠢蠢的死法》（译者注：类似中国的《小苹果》），唱了一个小时，你都快被逼疯了。 你会……

（A）迅速从你的随身背包里拿出耳塞戴上。

（B）播放《小小世界》（译者注：类似中国的《凤凰传奇》），让这两首烦人的歌互相抵消。

（C）给他们报歌唱兴趣班。

（D）去拿胶带。

3. 你不停地告诉三岁的孩子，你不会给他买那个塑料恐龙的。但孩子却坚持恳求你，"买一个吧，妈妈！买一个吧，妈妈！求求你了，求求你了，求求你了，妈妈！" 同时，你还得推着购物车在超市里面选购商品。你会……

（A）购买那个该死的恐龙。虽然这堆破塑料要 10 美元，但至少你能清静下来，想你该想的事了。

（B）不理她，专心购物。你那三岁的孩子不能指挥你。

（C）威胁他，如果他不赶快闭嘴，就让他在惩罚椅上坐到二十岁。

（D）冲进超市的日用品区，抓一卷刚刚摆到货架上的胶带。

4. 你的孩子喋喋不休地跟你讲他编的故事。这个故事是由《狐狸与猎狗》《神秘博士》以及《星际迷航》的情节混杂而成，并且他已经讲了 40 分钟了。你会……

（A）为你的小作家鼓掌，以他的想象力，将来一定能获得布克奖。

（B）半听半走神，我到底什么时候才能看 NPR 新闻。

（C）大叫"快看那只松鼠！"希望能转移他的注意力。

（D）飞快地拿出一卷胶带——嗤！这样应该就没问题了。

5. 那个经常来婴儿游泳馆的森蒂又在吹嘘，说她两岁大的孩子不仅进入了托儿所的优秀学员名单，还会说流利的汉语，可以读八年级小孩才会的文章，受邀在波士顿流行乐团表演小提琴独奏。你会……

（A）假装发出赞叹的声音，并且迅速瞄一眼她手上的课程表，计划给孩子报同样的课程。当然，不能跟她的孩子在同一个时间。

（B）假装突然病倒，这样就不用再跟她聊下去了。

（C）默默地演算复杂的算术题，无视她的话。

（D）用六英寸的高黏度宽胶带封住她那对注射了胶原蛋白的嘴唇，然后迅速开溜。她永远不会知道这是谁干的。

测试答案：最佳答案永远都是胶带。

牛顿第三（心理）运动定律

你买礼物的时候，

越是觉得"她一定会喜欢这个"，

孩子收到礼物时就会越失望。

疯狂方程式

马尔克姆·X 曾经发表过这样的箴言："数学没有争论的余地。"但显然他忘记了要跟一个眼泪汪汪的四岁小孩解释，两份半个汉堡就相当于一个汉堡，或者即使这个汉堡有一部分掉在盘子里面了，它的味道仍然没有变，是多么困难。

数学应该是纯粹的、绝对的。我们相信数字可以提供最客观的解释，即使是最疯狂的，最无法解释的事。比如，为何相距甚远的微粒会有深层次的关联——我想，双胞胎的父母一定非常能理解这一点。大多数情况下，数字可以为我们做出完美的解释。即使是上文提到的看似神奇的微粒关联现象，也可以用量子纠缠和波函数坍缩速度来解释。但这种现象并不是我们计算出来的。我们必须搞清楚的是，产生这种奇异现象的原因是数学。

但如果你真打算用数学来解释——如果真的解释得清楚——孩子的行为，那就祝你好运了：

● 为什么孩子每天吃花生酱加果酱三明治都不觉得无聊，但如果哪天 App 不更新就会觉得无聊呢？
● 为什么只有在需要排 45 分钟长队才能玩的时候，荡秋千才格外吸引孩子？
● 为什么孩子可以大嚼特嚼宾奇狗的磨牙棒，却咽不下煮过的鸡肉呢？

唉，很多数学谜题，例如舔棒棒糖的次数与棒棒糖的半径之间的关系，我们现在还无法得知答案。

莫比乌斯环

为了让孩子穿好衣服

而进行的从头到脚的无止境循环。

不合理的数字

数学家将不合理的数字定义为"不符合常理的数字"，这基本上涵盖了孩子嘴里说出的每一个数字。任何一个被问及"你的孩子已经盯着屏幕看了多久了"的家长都知道，孩子们完全不懂如何计数。一个孩子可能信誓旦旦他已经读书读了"二十四小时"了。同样是这个孩子，明明偷着玩了一个六十分钟的游戏，但当他被忙完公事的妈妈逮到时，却只承认自己玩了五分钟。

下面还有孩子们说出来的更多不合理数字：

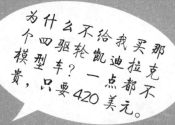

分级蒸馏

一个让人沮丧的事实，

即不管如何对题目进行细化分解，

你仍然无法理解孩子的"新"数学家庭作业。

立体几何

孩子在把大便冲干净前，

坚持让你进行的一项

对大便形状、长度、弧度的研究。

父母与孩子之间的交流

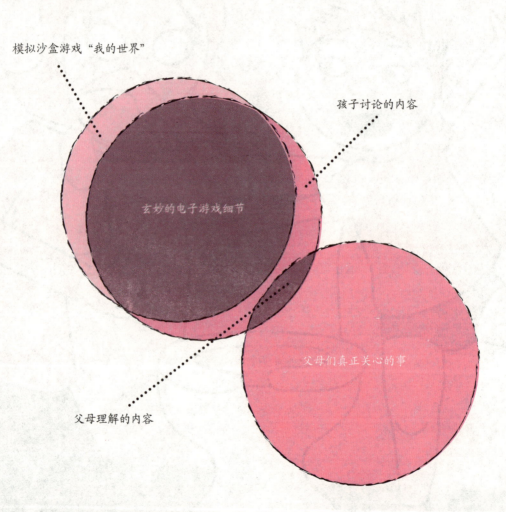

模拟沙盒游戏 "我的世界"

孩子讨论的内容

玄妙的电子游戏细节

父母们真正关心的事

父母理解的内容

育儿应用数学

调查表明，几乎 99.9% 的美国青少年认为学习数学完全是浪费时间，不如把这个时间用来跟朋友们在 SnapChat（译者注：SnapChat 是美国的一款照片视频分享应用）上发照片、聊天。他们觉得，只要考过了 SAT（译者注：美国高中生申请美国大学入学前参加的考试，相当于中国高考），就可以跟那些讨厌的数学题拜拜了。

真希望这些孩子的幻想是真的。但实际上，当你成为一名母亲，一生完孩子你就得开始计算难度更高的数学题了。例如，母乳和宝宝尿湿的尿布之间的比率，还有剖宫产手术的费用有多大比例可以用保险支付。不过也有好消息，据坊间传闻，做父母能够让一个人从数学白痴变成数学专家。

科学家还无法解释其背后的作用机制，但效果对于所有的父母来说都是一样的。不管你是通过收养、人工受孕、代孕，还是在拉斯维加斯的老式酒馆里喝醉而导致怀孕，只要你有了孩子，这些现实世界中真正的高难度数学题就"唰"地一下都来了。（当然，不幸的是，你孩子家庭作业中的数学题也同样难。）

1. 两岁的马库斯最喜欢的睡前故事是《大卡车》！如果这本书一共有 147 个单词，马库斯的妈妈乔安每天在他睡觉前读四次。多久之后她就会假装狗把书撕碎了，从而可以换一个新的故事？

2. 为了庆祝儿子的七岁生日，莫妮卡租了一个气垫蹦蹦床，一面攀岩墙，还有两个摇摇马。如果莫妮卡发出了 25 份邀请，有 20 位父母回复说他们的孩子会参加。那么实际上会来多少人？

（A）计算那些会携带兄弟姐妹的孩子（"你不会介意多一个孩子的，对吧？"）。

（B）计算有多少孩子会无视蹦蹦床等玩具，直接冲进家里，用自己带来的电子设备玩 Minecraft 模拟沙盒游戏。

（C）计算在蹦蹦床、攀岩墙、摇摇马被还回去多久后，小寿星会哭号："这不公平！我根本什么都没有玩到！这简直是最糟糕的生日了！"

3. 琳赛家的一年级小学生需要每天晚上完成二十分钟的阅读。如果孩子从晚上 7 点钟开始，先花十分钟在书架上"挑一本书"，再花十分钟浏览 iPad 上的音乐，并从中挑一个作为阅读时间结束时的铃声。然后花上十五分钟抱怨这本书太难……太枯燥……太重……文字太多。接着再花十分钟跟妈妈讨价还价，要求中途玩一会儿电子游戏。请问，琳赛什么时候才会要求丈夫来"处理"这件事情，她自己好躲进衣橱里快快活活地看《纸牌屋》？

4. 布兰达购买了两张舞台剧《行走恐龙》前排座位的戏票。她打算带三岁的孩子来观看这部舞台剧。戏票每张 75 美元，她需要开车 45 分钟到达剧院，并且花 10 美元停车。请计算，舞台剧开场多久后，她的孩子会哭闹，"好可怕，妈妈！我要回家！现在就回家！"

A) 布兰达解释了几次，如果他们现在回家，就不能再回到剧院来看？请四舍五入，只保留到十位数。

B) 布兰达开车上路多久后，她的孩子会哭着要求回到剧院，继续观看剩下的部分？

5. 萨米在塔吉特零售商店看上了一把售价 19.99 美元的超级水枪。他一刻不停地唠叨了三十分钟，并且保证如果给他买了这把水枪，他就"从今以后再也不要任何其他的东西了"。如果他的妈妈最终答应并给他买了这把水枪，请估算，萨米到家之后多久会对这件新玩具失去兴趣？请四舍五入，保留到分钟。

附加题： 当萨米的弟弟拿起这把被萨米玩腻的水枪时，请估算，萨米会在多少秒内把它抢回来，并且大叫，"不许碰！这是我的！你不许玩。妈妈！"

6. 玛吉有八根不同口味的冰棒。如果她将这八根冰棒平均分给四个孩子，有多少孩子会噘起嘴说他们不喜欢分给自己的冰棒的颜色？

附加题： 请计算，玛吉在多大程度上介意孩子们的意见？

7. 詹妮每天都跟父母央求带她去坐 "野兽" 过山车。如果她的父母屈服于她的恳求，并且同意花两个小时开车去游乐园，支付每张 89.99 美元的门票进入游乐园，然后排队等上九十分钟。詹妮会比过山车要求的身高矮几分之几英寸呢？

附加题：请问，在詹妮停止哭泣之前，妈妈和爸爸必须购买多少价格远远高于实际价值的游乐园纪念品？

8. 丽贝卡和康纳带着他们的四个孩子开车，从巴尔的摩市出发前往圣何塞市。如果他们星期一上午 10 点钟出发，每小时行驶 65 英里。请计算，在到达马里兰州界线之前，他们会听到多少次 "不要对着我吹气！" "妈妈，他在瞪我！" "没有！" "他也在瞪！" "我受够了！" "妈妈！" ？

（A）丽贝卡在旅行开始多少天之后会在她的早餐果汁里面加一杯伏特加？

（B）在他们到达密苏里州的时候，丽贝卡加了多少杯伏特加？

（C）正误判断：丽贝卡的早餐 "果汁" 里面已经没有果汁，全是伏特加了。

父母社交生活时间等式

生日派对 (BIRTHDAY PARTIES)
(子女数量 X 同学数量)% 邀请的可能性

每年的周末数量
(Weekends Per Year)

平均生病概率
(average illness rate)

$$(BP + HS / WpY).25 = X$$

必须出席的场合 (HOSTAGE SITUATIONS)
子女数量 X(运动队训练与比赛 + 课外活动 + 童子军活动 + 颁奖典礼)

你可以再次参与成人社交生活的概率

睡眠几何定理

....

孩子睡觉时

总是会

跟他挨着的家长（们）呈垂直状态。

"如果你认为科学是试图
让人类的生活变得更加容易，
或者更加幸福，
那么你就大错特错了。"

——阿尔伯特·爱因斯坦

荣誉和奖项

育儿科学尤利卡奖！

本奖项用于表彰育儿科学界可堪当此殊荣的具有重大价值的发现。

数学领域杰出的发现会获得菲尔兹奖，科学界的重大成就会获得诺贝尔奖，现在终于轮到育儿科学界了！本奖项将颁发给那些在育儿与家庭生活中取得重大突破的人们。所以，获奖的人数并不多……可以说，实在是太少了。

育儿科学尤利卡奖将授予……

来自于芝加哥大学的数学家哈特温·曼斯弗雷克和 K. 威利斯·崔克。这两位数学家计算出了"深度破碎"的数值——即，孩子为了让父母买最新的 Xbox 游戏机，苹果系列产品，或者芭比娃娃的时尚高跟鞋而不断哀求的过程中，父母的意志像陈腐的全麦饼干一样破碎时的具体数值，即使意志最坚定的父母也不例外。

来自于牛津大学的微生物学家雷金纳德·P. 斯莫特博士和法力·麦克沃布林博士。他们开拓性地发现了乐高玩具具有传染性。众所周知，乐高进入一个整洁的家庭之后就会开始自动繁殖。但这两位微生物学家带领的牛津科研组发现，乐高的传染机制跟病毒的传染机制完全一样。他们在研究报告中写道："正如孩子的感冒病毒会自我复制,并且迅速传染到家里的每一个人那样,乐高玩具也具有传染性。即使你只买了一个乐高模型回家,它很快就会在家里四处传播,每一块地板都将被彩色的乐高块所覆盖。"牛津科研组仍然在研究预防并阻止乐高玩具传播的方法,从而让父母们能够再度放心地光脚在地板上走动。

来自于麻省理工学院的 H．利昂·立利博士。这位数学家为我们计算出了撒尿等式。从数学史的角度看,最为关键的发现无疑是毕达哥拉斯的三角定理。但立利博士发现的等式却是最简洁明了、并且能够马上应用于实际生活中的。它可以让父母在给孩子换尿布的时候,迅速计算出宝贝的小鸡鸡受到空气刺激时撒尿的路径,从而帮助父母有效地避免被尿淋湿。

来自于澳大利亚新南威尔士大学的科罗拉·弗拉姆布里奇博士和西姆巴纳·巴姆博士。这两位神经学的博士发现并确认了产后记忆失调现象——孩子出生前,这种现象也被人们称为"孕期痴呆",孩子出生后,这种现象则被称为"生完孩子傻三年"。这一发现无疑会鼓舞成千上万的妈妈们。她们再也不用担心自己生完孩子之后变傻了。她们只是短期的记忆能力下降。幸运的是,这种脑筋不灵活的情况就跟消化道不畅一样,虽然让人不舒服,但只是暂时性的,放个屁就好了。研究报告还指出,从更深的层次上看,这种短期的记忆失调是为了帮助妈妈们淡忘产房中的伤痛,从而使她们对性生活再次产生兴趣。(从某种程度上看,也许是这样。)

致 谢

　　互联网新时代最宝贵的就是慷慨的分享。如果不是互联网上这些妈妈爸爸博主们毫无保留支持和不遗余力的帮助，我们无法写成这本书并出版发行。我们感谢每一位对我们的博客喜爱、分享、推送或者点赞的朋友。感谢你们！

　　特别感谢蒂姆·苏里文、利昂·立利、蓓奇·布莱德，还有 BlogU 的全体员工。非常非常感谢吉尔·斯莫克勒、珍·曼恩、妮可拉·克纳佩尔、瓦尔·克提斯、莱斯利·马里奈利、德瓦·达尔珀多、杰米·马弘尼、詹森·古德、乔纳丹·史坦恩、D.J.帕里斯、崔西·贝克曼和大卫·维纳。感谢你们的建议和意见。正是站在你们搭建的舞台上，这本书才得以不断成长并最终完成。

　　感谢史蒂芬森·柴克沃斯基、克里恩·格勒史，还有克里夫·卡格尔与丹妮莉尔·卡格尔夫妇。感谢你们分享了如此精彩的创意。同样感谢原始版本的读者凯文·哈耶纳斯、阿尔拉娜·文森特·古肯博格尔，还有莎莉·德沃金·史密斯。感谢你们对本书的细致品鉴和独到见解。

　　感谢萨姆拉·梅加老师，感谢你让诺林的儿子佛莱彻了解了艾萨克·牛顿的力学定律和运动定律，并让她萌生了写下此书的念头。

　　非常感谢女性作家出版社(She Writes Press)的出版商布鲁克·沃纳尔。她见证了本书的诞生，并且从一开始就坚信这本书能够取得成功。她在本书出版的过程中，一直陪伴着我们。非常感谢你的支持和鼓励。同样感谢我们的广告商乔安娜·马克科尔。她让许多人了解到我们写了这本书。

　　非常非常感谢我们的父母，佩里·德沃金和艾莉恩·德沃金夫妇，感谢他们对我们提供了慷慨的经济援助，并且帮助我们把孩子照顾得无微不至；以及杰克·泽格勒和珍·泽格勒夫妇——前者证明了追求疯狂的梦想并不总是个糟糕的念头，而后者则告诉我们没有什么比完成一项大工程更令人兴奋的了。感谢他们四个人四十几年以来（哽咽）始终如一的鼓励。

　　十分感谢我们的先生们，斯图尔特和格里蔼。他们才是家里真正的科学人士。感谢他们为我们提供了无数的创意，对我们的工作进行实地测评，并且看好孩子们，从而让我们能够安心哺育这本"书宝贝"。我们爱你们！

　　最后，非常非常非常感谢我们的孩子，霍登和弗莱彻。你们为我们带来了无穷无尽的灵感和欢乐……当然，有时候只是假装欢乐而已。

——诺林和杰西卡　2015 年 11 月